◎教育部人文社会科学研究一般项目（20YJA860001）研究成果

移动传播时代的乡土公共性研究

Research on Rural Publicness in the Mobile Communication Era

冯 林 · 著

吉林大学出版社

·长 春·

图书在版编目（CIP）数据

移动传播时代的乡土公共性研究 / 冯林著 . — 长春：
吉林大学出版社，2025.3. — ISBN 978-7-5768-4237
-1

I. C912.82

中国国家版本馆 CIP 数据核字第 20242WH595 号

书　　名　移动传播时代的乡土公共性研究
　　　　　YIDONG CHUANBO SHIDAI DE XIANGTU GONGGONGXING YANJIU

作　　者　冯　林
策划编辑　李承章
责任编辑　杨　平
责任校对　白　羽
装帧设计　朗宁文化
出版发行　吉林大学出版社
社　　址　长春市人民大街 4059 号
邮政编码　130021
发行电话　0431-89580036/58
网　　址　http://www.jlup.com.cn
电子邮箱　jldxcbs@sina.com
印　　刷　湖南省众鑫印务有限公司
开　　本　710mm×1000mm　1/16
印　　张　13.5
字　　数　200 千字
版　　次　2025 年 3 月　第 1 版
印　　次　2025 年 3 月　第 1 次
书　　号　ISBN 978-7-5768-4237-1
定　　价　88.00 元

冯　林　1978年6月生，湖南湘乡人，衡阳师范学院新闻与传播学院副教授。本科毕业于湘潭大学，获武汉大学硕士学位，主要从事广告传播、公共传播等方面研究。主持教育部人文社会科学项目、湖南省教育科学规划项目、省教育厅科研项目等多项，在《出版发行研究》《传媒观察》《新闻知识》等期刊发表论文多篇。

前　　言

随着信息技术的快速发展，移动传播作为一种新兴的传播方式，正深刻改变着乡村社会的信息流动和文化生态。在移动传播时代，乡村社会的信息传播方式发生了前所未有的变革，乡村社会公共参与正面临新的挑战。乡土公共性是乡村社会成员在共同生活中形成的共有价值观、行为规范和社会关系，乡村社会的重要组成部分，其构建与发展离不开移动传播提供的"技术"和"场域"的支撑。移动传播对乡村社会的渗透与进一步扩散，促进了信息流动和社会互动的变革，进而与乡土公共性发生互动重构。这种重构关系体现在信息获取的便捷与平等、社会交往边界的扩大、公共参与度的提升、文化表达及公共议题的多元化等诸多方面，并推动乡土公共性从传统到现代、从单一到多元、从封闭到开放的转型与升级。

在现代化进程中，乡村社会"空心化""原子化"的趋势愈演愈烈，乡土公共空间日渐衰落，乡土公共性不断流失，村庄共同体正面临解体。城镇化的发展及乡村个体化进程的推进，使乡村社会面临由"公"向"私"的深刻转变，并导致乡土公共性随之发生变化，其结果是乡土公共性趋于消解。从传统农耕时期到集体化时代，再到如今的非农化时期，乡土公共性的生产要素和生产机制发生了深刻变革，乡土公共性的主体结构、空间结构、交往结构也正在转型重构中逐渐适应乡村社会需要。当前，乡土公共性生产面临新的困境和挑战，需要多元主体共同努力实现乡土公共性的再生产。

在非农化背景下，乡村社会面临乡村自治与发展内驱力不足的巨大困境，乡村发展缺失内生力量。城市化的推进使乡村人口向城市大量外流，造成乡村内部组织力量与人才资源的双重流失，动摇了乡村社会内部传统的组织架构，削弱了村庄共同体的凝聚力，乡土公共性缺失的问题进一步凸显。移动传播赋能乡村带来了话语权的回归和流量下沉，为乡村振兴提供了强大的媒介驱动力量，"乡土＋短视频"成了村民新的话语表达方式。以移动传播为主要特征的新媒体对乡村社会产生了重大而深远的影响，媒介化乡村的发展趋势逐渐显现。

乡村社会是一个有机系统，媒介实践以"共同在场"的方式呈现着乡村的系统与多元。研究移动传播时代的乡土公共性，需要构建一个既具有普适性又能聚焦乡村社会实践的整体性分析框架。因此，需要在理论层面对话乡村社会现实，积极诠释乡村媒介实践中出现的新现象、新问题，在实践层面立足于乡村的实践场域，探讨媒介与乡村、乡土公共性的互动关系，加强对移动传播实践的引导与规训，这是理解和解决移动传播时代乡土公共性问题的关键。

本书立足移动传播这一时代背景，分析移动传播技术对乡村社会的影响，探讨乡土公共性的内涵、特征及其演变，聚焦移动传播的乡土传播实践，力图揭示移动传播与乡土公共性的互动重构关系，提出重构乡土公共性的现实路径。对乡土公共性的研究，为人们理解现代乡村提供了新的视角，不仅丰富了人们对现代乡村社会结构与文化特征的认知，还为乡村振兴战略的实施提供理论支撑和实践参考。本书整体框架如下：

导论部分主要概述研究缘起、国内外研究动态、研究价值以及移动传播与乡土公共性的互动关系，为后续章节详细剖析移动传播时代的乡土公共性重构提供逻辑框架。

第一章概述移动传播与乡土公共性的基本概念和基础理论，在阐释移动传播与传媒公共性、公共性及乡土公共性内涵的基础上，阐述移动传播在乡村的发展及乡土公共空间的建构基础，着重探讨了公共领域理论对乡村社会的现实意义。

第二章依循中国社会改革的历史脉络，从"国家—社会"关系的视角阐述当代中国乡土公共性的产生背景、演变历程以及传媒变迁与乡土公共性的内在关联，特别是对网络时代的乡土公共性扩展进行了深入分析。

第三章阐述乡土公共文化的衰落与公共性重构。主要内容包括乡土公共文化衰落的根源与表现、乡土公共文化的消解与重构、文化治理视域下的乡土公共性重构。

第四章阐述个体化进程中的乡土公共性建构。主要概述乡村社会个体化的发展历程及个体化的表现，从血缘关系和社会关系两个维度分析个体化进程中的乡村社会关系变迁，从公共文化空间、公共服务、公共规则和公共精神等层面重构乡土公共性的路径。

第五章聚焦乡土短视频实践，从乡土短视频的景观建构、文化传播和农民的自我角色建构三个层面，对乡土短视频实践的公共性建构进行了考察。

第六章从公共空间、公共秩序和公共精神三个维度，探讨移动传播整合乡村社会、重构乡土公共性的现实路径。

公共领域本质上是公众舆论领域，移动传播把公共领域的机制扩展到了网络公共空间，为乡土公共性再生产提供了新的契机。移动技术构建的虚拟网络公共空间，实现了不同时空主体的"共同在场"，再造了乡村公共生活并强化了网络和现实层面的社会关联，成为乡村社会凝聚共识的公共领域。微信群实现了村民对公共生活的再嵌入和社会关系的再联结，乡土短视频聚焦新农村面貌，通过呈现公共性主题推动了乡土公共性的再生产。总之，移动传播对乡村社会的全面渗透与深度融合，颠覆了人们对传统信息传播模式的认知，构建了开放互动的公共舆论空间，引导人们形成共同的价值观念和行为规范，再造了乡土公共性。

目　录

导　　论

一、研究缘起

党的十九大报告提出了"实施乡村振兴战略"，党的二十大报告明确指出"全面建设社会主义现代化国家，最艰巨最繁重的任务仍然在农村"①。当前我国正在经历百年未有之大变局，乡村在中国式现代化进程中，"空心化""原子化"的趋势愈演愈烈，乡土公共空间日渐衰落，势必解构传统的乡土公共性，村庄共同体正面临解体。民族要复兴，乡村必振兴，重构乡土公共性是乡村振兴的重要议题。乡土公共性发生了怎样的变迁与转型，当前我国乡土公共性流失的根源为何，笔者主要从以下几个维度进行考察。

（一）非农化背景下的乡村内驱力不足

在非农化背景下，随着国家政策的调整，乡村社会迎来了新的发展机遇，也面临着诸多问题，其中最主要的困境是乡村自治与发展的内驱力不足，或者说是乡村缺失发展的内生力量。广大乡村地区的非农实践在数量、规模上不断突破，经营领域不断拓展，发展活力不断增强，具备了一定的区域优势和竞争优势。但在城市化进程中，乡村精英群体不断向城市迁移，造成乡村内部组织力量与人才资源的双重流失，进一步动摇了乡村社会内部传统的组织架构，削弱了村庄共同体的凝聚力，加剧了乡村内生发展动力的匮乏。乡村社会传统内

① 习近平.高举中国特色社会主义伟大旗帜 为全面建设社会主义现代化国家而团结奋斗：在中国共产党第二十次全国代表大会上的报告 [EB/OL].（2022-10-25）[2024-10-20]. https://www.gov.cn/xinwen/2022-10/25/content_5721685.htm.

生力量消解，而现代治理体系与机制未能及时弥补这一缺失，乡土公共性缺失的问题日益凸显。

（二）乡村振兴中的媒介力量

随着以网络为基础的新媒体的兴起与发展，新媒体赋能乡村，对乡村社会媒介内容生产、传播与消费都产生了颠覆性影响。"去中心化"的自媒体信息传播，乡村社会话语权的回归，流量下沉带来的巨大内容缺口和市场潜力，这些都为乡村振兴提供了强大的媒介驱动力量，大量乡村自媒体人投身于乡村原创内容生产，"乡土＋短视频"成了村民新的话语表达方式。新媒体在乡村的应用，给乡村社会的形象展示、产品销售和文化传承带来了直接而深刻的影响。尽管传统媒体在乡村社会发展史上意义重大，但以移动传播为主要特征的新媒体对乡村社会的影响更为重大和深远，"无名者"的历史性出场使得乡村的媒介化趋势日渐凸显。①

笔者梳理了近年来传播学及其他社会科学领域对"媒介与乡村社会"的相关研究，发现现有研究主要围绕"媒介如何改变乡村"而展开。在媒介赋权乡村的认识上，主流的观点是"发展应该植根于草根阶层和组织的赋权过程"②。乡村振兴语境下的"媒介与乡村"研究需要跨学科的视角，从"媒介"透视乡村社会的各个层面。在理论层面，对话乡村社会现实，积极诠释乡村媒介实践中出现的新现象、新问题；在实践层面，立足于乡村某个单独的实践场域探讨媒介与乡村的互动关系及其影响，加强对乡村媒介实践的引导与规训。事实上，乡村社会是一个有机系统，媒介实践内嵌于乡村的多元场域并以"共同在场"的方式呈现乡村的系统与多元。无论是在理论层面还是实践层面，对乡土公共性的研究需要构建一个既具有普适性又聚焦乡村社会实践的整体性分

---

① 李烊，刘祖云．媒介化乡村的逻辑、反思与建构 [J]．华南农业大学学报（社会科学版），2021，20（4）：99-110.

② 张淑华，何秋瑶．媒介化社会与乡村振兴中的新媒体赋权 [J]．新闻爱好者，2020（12）：33-36.

析框架，这是理解和解决移动传播时代乡土公共性问题的关键。

在乡村社会的媒介实践中，自媒体与乡村的融合和互动给乡村带来诸多不确定因素。反思乡村媒介实践的主体问题、关系问题与机制问题，进而为媒介化乡村的理想构型提供思路。研究移动传播与乡土公共性互动重构关系的价值在于：一方面可以在理论层面拓展媒介影响乡村社会的框架及实证证据，通过建立整体性的分析框架，促进研究领域内的学术对话与交流；另一方面可以在实践层面矫正乡村媒介实践的不良趋向，推进村民媒介素养的培育，使其有能力将建构社会关系的现代媒介技术，更合理高效地应用到乡村治理、产业振兴或文化传播过程中。

（三）媒介型社会背景下的乡土公共性转变

在漫长的历史发展长河中，乡土公共性生产不断发生变迁，非农化实践中的乡土公共性生产呈现出新的特质。对乡土公共性的研究，应把握乡土公共性生产的特殊背景，理解特定时代下公共性生产的不同要素和机制，梳理出在当下非农背景下乡土公共性生产发生的转换，以及转换后呈现的新特质，并进一步探究乡土公共性生产面临的困境与再生产的途径。

城镇化的发展及乡村个体化进程的推进，使乡村社会面临由"公"向"私"的深刻转变。传统的乡村社会结构与权力结构是乡土公共性赖以生存的基础，其转变必然导致乡土公共性随之发生变化，其实际结果是乡土公共性趋于消解。从传统农耕时期、集体化时代到如今的非农化时期，乡土公共性的生产要素和生产机制发生了深刻变革，乡土公共性的主体结构、空间结构、交往结构正在转型重构中逐渐适应非农背景下的社会需要，而当前乡土公共性生产面临的困境和挑战也有了新的时代特征，亟须我们通过多方努力实现乡土公共性的再生产。

马克思在《资本论》中指出，"生产本身的目的是在生产者的这些客观存在条件中并连同这些客观存在条件一起把生产者再生产出来"①。马克思的"再生产理论"不仅适用于整个社会的经济再生产，还适用于社会精神再生产。乡土公共性的生产与变迁依赖于乡村社会经济基础和社会结构的转变，因而马克思"再生产理论"同样可以为研究乡土公共性提供理论框架和理论指导。在当下的非农化实践中，农民行为表现出日益理性化、趋利化的特征，人与人之间出现信任危机和沟通危机。乡土公共性问题日益凸显，僵化的乡村社会治理模式呈现出力不从心的疲态，这需要我们从公共性生产的要素和机制入手，探讨研究如何正确引导乡土公共性的生产，从而改善乡村整体社会风气，改善村民之间关系，为当前乡村治理和发展模式的转型创新提供新的可能与契机。

二、国内外研究的现状和趋势

（一）移动传播研究

随着移动互联网信息传输技术日趋成熟，我国的信息传播方式已经进入移动传播为主导的时代，移动传播也成为近年来国内新闻传播学界关注的热点。笔者梳理了近年来关于移动传播的相关文献和移动传播领域研究的代表性成果，发现目前学界的研究主要集中在以下几个方面：

（1）关于移动传播含义的研究。国内外学者都试图给移动传播一个全面、准确的定义，2013年SAGE杂志社创办了致力于移动传播研究的同行评审期刊 *Mobile Media & Communication*（《移动媒体传播》），在期刊的第一期中，坎贝尔·斯科特给"移动传播"作出了定义：在用户进行物理运动时支持中介社交连接的设备和服务。② 坎贝尔·斯科特认为移动通信技术具有象征性特性，提高了用户与其的连接感。延森（Jensen）认为，当下对于"移动"特性的强调，

---

① 中共中央马克思、恩格斯、列宁、斯大林著作编译局.马克思恩格斯全集（第三十卷）[M].北京：人民出版社，1995：488.

② CAMPBELL S W. Mobile media and communication: A new field, or just a new journal? [J].Mobile Media & Communication, 2013, 1(1): 8-13.

首先说明此前的媒体和传播是一个"非移动"的状态。黄楚新等认为移动传播是"依托移动互联网与移动终端，实现信息实时共享与交换的一种传播行为与过程"[①]。邹军则提出"所谓移动传播，即基于移动媒体的传播，是通过各种移动平台，在用户之间、用户与网络之间进行信息交换的传播过程。[②]

（2）关于移动传播与社会变革的研究。国外早期对移动传播的研究都与移动通信有关，最早是对手机短信作为全球新政治形态的研究，研究者认为手机短信在社会行动中发挥了巨大的动员、组织和协调作用，并因此改变了当代世界政治图景。[③]随后，研究视野扩展到移动媒体与社会这一更加宽广的领域。Ran Wei 从"阿拉伯之春"和美国"占领华尔街"这些政治动员中，研究手机使用者如何改变社会，并得出"移动传播者的确在某种意义上改变了社会"的结论。[④]印度学者乔纳森·多纳尔探讨发展中国家的发展、现代化和全球化等话题。[⑤]国内对移动传播领域的研究近年日渐兴起，多集中于单独的移动新媒体或技术研究，尚未真正形成对移动传播现象自身的研究态势。不过，也有一些学者致力于移动传播领域的研究，取得了一定的研究成果，如邹军认为中国的移动传播研究应"以人为研究中心"，关注移动传播的使用者，以理解现实中的社会关系为目标。[⑥]刘明洋对移动传播建构虚拟世界和现实世界过程中给社会带来的各方面变化进行了研究。[⑦]

① 黄楚新，彭韵佳 . 我国移动传播的发展现状与趋势 [J]. 新闻与写作，2017（8）：32-36.

② 邹军 . 移动传播研究：概念澄清与核心议题 [J]. 新闻大学，2014（6）：71-76，81.

③ 胡春阳 . 全球新政治：手机短信传播与公共治理 [J]. 新闻与传播研究，2009，16（4）：1-7，107.

④ WEI R. Mobile media: Coming of age with a big splash[J]. Mobile media & Communication, 2013, 1(1): 50-56.

⑤ DONNER J. Research approaches to mobile use in the developing world: A review of the literature[J]. The Information Society, 2008, 24(3): 140-159.

⑥ 同 ②.

⑦ 刘明洋 . 解读移动传播的八个关键转变 [J]. 青年记者，2015（6）：71-72.

（3）关于移动传播的实证研究。在移动传播的实证研究中，以受众研究、话语研究等居多。在受众研究方面，有学者提出研究新媒体的学者要把新媒体传播的研究和社会结构、群体结构等结合起来。曹晋对上海40名女性家政钟点工进行了研究，指出移动传播技术的普遍使用对社会结构的重大影响，并提出手机促成了公领域和私领域的交叉。[①]牛耀红采用公共传播分析框架，考察了一个中国西部农村居民的微信群使用实践。探讨了"离散化乡村"借助网络公共空间实现社区整合的过程和机制问题。[②]在话语研究方面，晏捷从个人表达的角度，提出移动互联网传播呈现一种自言自语的表达指向方式，随着其不断发展成熟，形成一种新型的生活方式。[③]王贵斌则从公共舆论的角度指出，移动传播给个人表达提供了更大的空间和自由度，移动传播环境提升了公共舆论质量。[④]

综观国内外研究，当前对移动传播的研究存在一定局限性。这主要体现在两方面：①缺乏统一的理论框架。理论创新不足。国内公共性研究多是在西方现有理论基础上进行拓展，实证研究也不具普适性。②单纯从技术层面研究移动媒体使用，西方学界对此一直保持警惕，但国内学者却未能避免深陷其中。事实上，中国的移动传播研究尚未形成自己的问题域，对我国现实语境下的许多本土问题缺乏足够的关照。

① 曹晋.传播技术与社会性别：以流移上海的家政钟点女工的手机使用分析为例[J].新闻与传播研究，2009，16（1）：71-77，109.

② 牛耀红.社区再造：微信群与乡村秩序建构——基于公共传播分析框架[J].新闻大学，2018（5）：84-93，150.

③ 晏捷.移动互联网的传播互动空间发展现状与趋势分析[J].东南传播，2010（3）：21-23.

④ 王贵斌.移动传播时代的公共舆论生产秩序[J].现代传播（中国传媒大学学报），2017，39（1）：138-144.

（二）公共性研究

对于公共性这一概念，学界至今未能形成一个统一而明确的定义。公共性理论随着时空的变迁，其内涵与外延在不断地演化与拓展。在不同历史时期和社会语境下，公共性的程度与实践方式有较大差异，由此也催生了对公共性研究的多样化视角。毋庸置疑的是，公共性是普遍存在性的。作为学术研究的一个重要领域，公共性研究主要聚焦社会转型期的挑战——如何在变革中促进个体间的和谐共生，以及维护社会生活的有序进行。西方学术界对公共性的研究侧重话语层面，东亚公共性研究着重探索一种公共性在实践层面的可操作性。[①] 我国学者在公共性研究领域主要集中在前沿理论的引入与对现代性的反思两方面，理论与实践的有效联结，丰富了我国公共性研究的内涵。在多元化与全球化的浪潮中，公共性研究将出现更多跨学科、跨文化的对话与合作，也必将有利于构建更加和谐、有序的社会生活。

西方国家最早对"公共性"进行研究的是汉娜·阿伦特，1958年，阿伦特在其著作《人的条件》中认为："公共性"是指"公共生活在世界上，这从根本上意味着，事物的世界处于共同拥有这个世界的人之间，就正如一张桌子被放置在围着它坐在一起的人之间一样：世界像每一个中间事物一样，都同时将人联系起来和分离开来"[②]。阿伦特的"公共性"强调公开与共同参与，即存在一个共同的连接中介把不同主体集结在一起，让人们能够共同参与。阿伦特对公共性的思考对之后的公共领域研究产生了深远影响，哈贝马斯公共领域思想就受启于汉娜·阿伦特，不同的是，哈贝马斯认为公共性即公共领域，他认为公共性包括批判性、沟通性、公开性和公共舆论等几个要素。哈贝马斯公共领域思想对理解我国的国家与社会关系具有重要的借鉴意义。桑内特以"公共人"

① 李蔚.何谓公共性，社区公共性何以可能？[J].河南师范大学学报（哲学社会科学版），2015，42（4）：23-27.

② 阿伦特.公共领域与私人领域[M]//汪晖，陈燕谷.文化与公共性.北京：生活·读书·新知三联书店，1998：43.

的视角、从公共空间和人格两个维度对"公共性"展开研究，桑内特在其著作《公共人的衰落》，集中体现了他对公共性的理解和表述。桑内特对公共性论述以及他所试图构建的公共性是建立在差异性基础上的，超越小社区、小圈子，是更广阔范围的公共性。[①] 查尔斯·泰勒更加关注的是公共领域在现代社会条件中如何建制化的问题，他把信息技术环境下的现代传播的公共性问题置于首要位置，并引入了"社会想象"的概念。泰勒认为在新的信息技术环境下，社会公众可以依靠大众媒介聚合为一个"想象的理想共同体"。在泰勒看来，公共领域并不是真正的物理空间，而是由议题所串联而成的形而上空间，由多元媒介、多元交流方式组合而成的多元性公共空间——元主题性公共空间。

对公共性的研究，这些学者各有侧重，对本书的公共性研究均具有借鉴和参考的价值。阿伦特强调公共领域中的多样性，哈贝马斯认为公共性应建立在沟通基础之上，桑内特认为传统公共性具有狭隘性，应向更大范围的公共性拓展，泰勒关注信息技术环境下现代传播的公共性问题，等等。国内学术界对公共性的研究，主要是从理论引介及对现代性后果的反思展开的。在互联网时代的移动传播背景下，乡村社会所需的公共性要关注的是如何发挥其协作、团结、再造与整合作用。因此，单纯从批判角度理解和认识乡土公共性建构，在实践过程中可能会被现实价值消解。

（三）乡土公共性研究

国内学术界对公共性问题的研究成果颇多，著述颇丰，相对而言，对乡土公共性的关注较少，不过也有一些学者在乡土公共性方面倾注了不少思考和观照。吕方认为农村社会组织具有"社会联结"属性，能够将"原子化"农民有效组织起来，与其他一些基层组织形成"共生合作"局面，从而共同建构"新

---

① 李世敏.经典"公共性"理论辨析：兼谈中西差异[J].理论与现代化，2015（1）：62-66.

乡土性"。① 吴理财在考察中国乡村社会个体化的基础上，分析了乡土公共性的消解，以"美丽乡村"建设的四种模式对重建乡土公共性进行了实践探索。② 田毅鹏从村落过疏与乡土公共性重建的关系出发，提出实现乡土公共性的重建，既要弄清过疏村落社会生成的背景和演进过程，积极发挥政府的支持作用，也要重视社会和市场的形塑力量。③ 应小丽等在分析非农化背景下乡土公共性再生产困境的基础上，指出了乡土公共性缺失的原因，提出了实现乡土公共性扩大再生产的途径。④ 方晓红等探讨了网络公共空间重建乡土公共性的过程和机制等问题。⑤ 沙垚等通过梳理乡村媒介史发展脉络，呈现真实的媒介与乡村文化生活面貌，从公共性视角讨论媒介对乡村文化生活的意义，着重探讨了移动终端时代的媒介赋权与公共性重建。⑥ 吴振其等以"媒介传播－公共性再生产－治理重构"为分析框架，结合一个华北村庄的田野调查展开分析，探讨了乡土公共性再生产与社会治理转型。⑦ 还有学者从治理模式建构⑧、乡村文化振兴⑨ 等角度研究乡土公共性问题。

① 吕方. 再造乡土团结：农村社会组织发展与"新公共性"[J]. 南开学报（哲学社会科学版），2013（3）：133-138.

② 吴理财. 公共性的消解与重建 [M]. 北京：知识产权出版社，2014：224-231.

③ 田毅鹏. 村落过疏化与乡土公共性的重建 [J]. 社会科学战线，2014（6）：8-17.

④ 应小丽，钱凌燕. 非农化背景下乡土公共性的再生产与乡村治理变革 [J]. 浙江师范大学学报（社会科学版），2015，40（6）：50-55.

⑤ 方晓红，牛耀红. 网络公共空间与乡土公共性再生产 [J]. 编辑之友，2017（3）：5-12.

⑥ 沙垚，张思宇. 公共性视角下的媒介与乡村文化生活 [J]. 新闻与写作，2019（9）：21-25.

⑦ 吴振其，郭诚诚. 从高音喇叭到低声微信群：乡村公共性再生产与社会治理转型——基于一个华北村庄的田野调查 [J]. 中国农村观察，2023（2）：34-52.

⑧ 武中哲，韩清怀. 农村社会的公共性变迁与治理模式建构 [J]. 华中农业大学学报（社会科学版），2016（1）：15-21，128.

⑨ 王刚，黄鹏. 公共性重塑：乡村文化振兴的善治逻辑 [J]. 河南师范大学学报（哲学社会科学版），2024，51（1）：38-44.

　　总体来讲，这些研究均从当前我国农村"原子化""过疏化"以及农民"私利化"现实入手，多角度探究了乡土公共性衰落原因，并提出了对策，这都值得借鉴。但是也存在一些问题，其中多数研究以思辨研究为主，缺乏实证研究，乡土公共性重建涉及农村诸多方面，因此应该深入农村从具体情境中研究乡土公共性再生产的制约因素、对策、机制等问题。另外，从目前文献可知，很少有学者从传播角度研究媒介或传播与乡土公共性再生产问题。其实，哈贝马斯在研究西方公共领域中已经提及了沟通、交往对公共性建构的重要作用。那么在移动传播背景下，网络公共空间对乡土公共性再生产有何影响、作用机制如何，有待进一步研究。

　　纵观以上对乡土公共性的研究，均从乡村现实入手，从多角度探究乡土公共性衰落的原因并提出对策，都值得肯定和借鉴。但也存在一些问题，归纳起来主要体现在两方面：一是多数研究以思辨研究为主，实证研究相对较少，乡土公共性重建涉及乡村社会诸多方面，因此应该深入乡村从具体情境中研究乡土公共性的制约因素、机制等问题；二是从传播角度研究公共空间和公共性互动重构问题的不多，实际上在哈贝马斯对西方公共领域的研究中，已提及沟通、交往对公共领域建构的重要作用。需要指出的是，随着乡村振兴战略的实施，对乡村传播的实证研究逐渐增多，传播与公共性、媒介与乡土公共性的互动重构等方面的研究也有所增加，这些研究取得了一定的成果，也从不同角度和层面丰富了对乡土公共性研究的视角和内容。总之，在国家实施乡村振兴战略背景下，研究移动传播与乡土公共性再生产的互动重构具有积极的现实意义。

三、移动传播与乡土公共性重构

（一）移动传播的公共性功能

　　公共领域本质上就是公众舆论领域，其基本特征就是自由的、理性的、批判性的公众讨论。以数字技术和网络为基础的移动传播媒介是收集、复制及传播信息的机构或手段，深刻地影响着人们政治、经济、文化、社会生活的各个方面。移动传播实现了媒介从传统的单向传播向互动双向传播的转变，也把公共领域的机制扩展到网络公共空间。网络所提供的隐匿、平等、开放的自由空间，给人们提供了平等参与和自由讨论的平台，对公共性原则产生了积极影响，也给走向衰落的乡土公共性生产提供了新的契机。在乡村社会，曾经占主导地位的广播电视等传统媒介的凝聚力与动员力正逐渐衰弱，依托移动技术构建的虚拟网络公共空间，成为村民们自由表达、交流、凝聚共识的社会生活公共领域。首先，移动传播的兴起颠覆了村民对传统信息传播模式认知，村民不再局限于被动接收广播电视的单一信息源，而是主动搜索并分享多元的信息内容。这种转变拓宽了村民的视野，也激发了他们参与公共事务的热情。其次，移动传播媒介构建了一个开放的乡土公共空间，村民在这个空间里的沟通与互动不再受时空限制，不仅丰富了乡土文化的内涵，还加强了乡村与外界的联系。最后，移动传播通过网络讨论、公共议题引导村民形成共同的价值观念和行为规范，从而增强共同体的凝聚力和向心力，推动了乡土公共性的再生产。

（二）移动传播促进乡土公共性再生产

1. 乡土公共性的衰落

随着城镇化进程的推进，乡村社会发生了深刻的变革，乡村社会人口流动性日益增强，尤其是乡村青壮年劳动力大规模涌入城市，不仅改变了乡村的人口结构，而且削弱了村民之间以及村民与村庄共同体之间的紧密联系，乡村社会"离散化""空心化"现象日益凸显。传统的社会互助机制逐渐失效，公共性原本承载的公共服务、社会整合、公共讨论等核心功能逐渐淡化，乡土公共性消解甚至面临消失的风险。公共性衰落所带来的危机突出表现在乡村社会治理上，最直接的后果是乡村治理主体在乡村社会治理中集体失语。公共性的衰落导致村民对乡村公共事务漠不关心，乡村自治和民主在某种程度上遭到破坏，并进一步造成了乡村道德失范和价值认同缺失。

2. 移动传播重构乡土公共性

公共性是超越个体和家庭层面，能够动员社会成员参与公共事务的组织性力量、凝聚性权力和权威性认同。乡土公共性的形成与乡村社会结构及其变化有关，也与国家权力的介入密不可分。大众媒介作为乡土公共性的载体，是国家进行乡村治理的一种有效信息传播手段，发挥着政治认同与社会整合的功能。移动互联网时代，智能手机和网络在乡村的普及为乡土公共性再生产提供了新的契机。作为数字社交媒体的村务微信群，为流动性日益增强的村民再次嵌入乡村公共生活提供了平台，实现了个体再嵌入和社会关系的再联结，移动网络使村庄不同群体构建了"媒介化合作网络"，实现了不同时空主体的"共同在场"，生成乡村"内生性"舆论话语，再造了乡村公共生活并强化了网络和现实层面的社会关联。网络公共空间从"共同在场""公共精神"和"公共交往"三个层面重建了乡土公共性，而移动网络发挥了"媒介连接""再造舆论"和"促进行动"的作用。[①] 以数字技术为基础的移动媒介密切了个体间的社会联系和交往，为处于不同空间场域的村民提供了参与乡村公共事务的平台和机制，拓展了民间意志的表达路径，丰富了乡村社会的自治实践，再生产了乡土公共性。

随着数字技术和网络深度嵌入乡村社会中，以微信为代表的数字媒介的发展也为乡土公共性再生产提供了新的公共空间。在再造社会联结方面，微信群使离散的原子化村民实现了虚拟的"共同在场"，短视频、微信等自媒体形式成为乡村信息传播的普遍形态，网络公共空间维系了村民之间以及村民与村庄之间的社会关联，形成了对权力的监督与约束，促进了乡村公共舆论的形成。在乡土公共性再生产机制上，移动传播以传播公共信息的方式，形塑了乡村公共事务传播的新模式，为乡村社会提供了新的公共交往方式，激发了村民共同体意识和参与公共事务的主动性。

① 牛耀红. 网络公共空间与乡土公共性重建 [D]. 南京：南京师范大学，2018.

（三）移动传播赋能乡村治理

移动传播变革了乡村社会的信息获取方式，深刻改变了乡村的内容生产和消费习惯，开启了乡村社会的移动传播时代。村务微信群将村庄的现实公共空间转移到了网络虚拟社区，改变了村民的交流方式，促进了村民话语权的回归，保障了村民的参与权、知情权和监督权，推动了乡村社会互动治理的形成。网络公共空间重建了村庄内部的"强连接"，实现了主体的"共同在场"。乡土短视频的兴起则为村民提供了一个更为开放和自由的自我表达平台，标志着话语权逐渐从传统的精英阶层向更广泛的底层民众转移。短视频在记录和展示乡村日常生活、塑造乡村形象的同时，也构建了讨论乡村公共议题的公共领域。众多乡土短视频聚焦新农村的面貌，呈现乡村文化建设、环境治理、精准扶贫、民俗文化传承等公共性主题内容，推动了乡土公共性重构。

第一章　移动传播与乡土公共性的基本概念和基础理论

公共性是西方哲学与政治思想中一个复杂的概念，作为学理性概念，学术界对此并没有形成统一定义。不同时代、不同学科对公共性内涵的理解存在很大差异，公共性的理论渊源较为复杂，而且在不同时空环境中具有不同指涉。事实上，对公共性概念使用的随意和混乱，正成为当前公共性研究的主要困境之一。移动互联网时代乡土公共性困境，是整个社会公共性困境在乡村的一种体现，集中表现为移动传播在乡村的发展与公共性的互动与重构关系。

第一节　移动传播与传媒公共性

移动互联网与智能手机等在广大乡村地区的广泛普及，在满足村民生产、生活、娱乐休闲等多领域需求的同时，也深刻地改变了乡村传播的信息生产与传播机制，移动传播应运而生并成为乡村传播格局中的主流方式，也重塑了乡村原有的传统传播格局。移动传播的诞生与发展，拓展了村民之间、村民与村落之间的交叠与互动，实现了乡村现实世界与网络虚拟空间的联结，长期被边缘化的村民在移动传播时代拥有了更多话语权，移动化、个性化传播在乡村"飞入寻常百姓家"，实现了真正意义上的传播权利大众化。其对乡村社会的基层政治、经济与文化等方面产生了广泛而深远的影响。

一、移动传播的概念

传播是人类交流信息的一种社会行为，维系着跨越时空的社会关系，是信息交流和共享的互动过程，传播的实现有赖于媒介的存在，移动传播的重要特征之一就是传授双方与传播媒介能够实现空间上的同时移动的传播状态。[①] 随着人类社会的发展和技术的进步，新媒体不断涌现，移动传播时代正式开启。

传播是依托媒体而存在的，正是因为出现了移动的媒体，才有了基于移动媒体的传播。基于这样的逻辑来理解移动传播，就变得简单明确了。移动媒体是指个人的、便携式的、用户控制的、交互的、能接入互联网的、可实现用户之间以及用户与网络之间信息交换和共享的平台。移动传播即基于移动媒体的传播，是通过各种移动平台，在用户之间、用户与网络之间实现信息实时共享与交换的一种传播行为与过程。[②] 智能手机的兴起从真正意义上开启了移动传播时代，手机传播成为移动传播的重要组成部分，连接互联网的移动终端所形成的移动传播现象则构成了移动传播的全生态。

二、移动传播在乡村的发展

（一）技术发展持续推动乡村移动传播

乡村社会传统媒介的种类较为丰富，口头传播、高音喇叭、传单、电视、户外媒体等构建了乡村传播的传媒格局，这其中，广播、电视等传统媒介在一定程度上实现了对地理空间的突破。随着移动互联网和智能手机在乡村的普及与迅速发展，微信、QQ、微博等新兴媒体迅速发展并构建起乡村传播的新格局，并在凝聚社会共识、充分整合社会资源方面发挥着积极作用。微信群、短视频、移动音频等多元化传播形态受到了人们的追捧，从广播电视到以微信、短视频为代表的移动终端，村民在一次次技术浪潮中获得解放，由乡村叙事中的"他

① 黄楚新，彭韵佳. 我国移动传播的发展现状与趋势 [J]. 新闻与写作，2017（8）：32-36.
② 邹军. 移动传播研究：概念澄清与核心议题 [J]. 新闻大学，2014（6）：71-76，81.

者"转变为自我言说的"主体"。[1]传统媒体与移动媒体形成了并行不悖的新局面。一方面，传统媒体继续发挥着信息传播、舆论引导等基础性作用；另一方面，移动媒体依靠乡村自媒体人进行内容生产（UGC），不断丰富和完善传播内容和传播方式，在内容上覆盖了时政、经济、娱乐休闲等诸多领域，在方式上开发了更加丰富的传播方式以满足用户多元化需求，在地域上实现了村庄内外、国内国际等不同空间的联结。与此同时，直播带货、网络购物等形式也在移动互联网的推动下在乡村得到长足发展，乡村社会多元化的传播矩阵正日渐形成。

移动互联网在乡村的普及和技术上的不断突破，为真正意义上的移动传播提供了可能性，也持续推动移动传播在传播渠道、传播方式上的不断更新。在现代移动传播环境中，随着虚拟现实、大数据、云计算等技术的广泛运用，微信、微博、客户端等移动平台的完善与拓展，乡村传播主体的信息传播互动性将进一步增强，信息接收的范围将进一步扩大，移动传播的体验感将进一步提高。随着乡村振兴战略的实施和不断推进，移动传播将进一步赋能乡村振兴，移动传播与乡村社会的互动重构充满了无限可能性。

（二）泛社交化下的乡土短视频勃兴

移动传播"去中心化"的特点使其能形成以某个体为中心的传播圈层，在这个传播场域内，任何一个节点都具备成为传播中心的可能。具体到乡村地区，互联网、智能手机、无线通信设备等共同构成了流体化的乡村社会，乡村移动传播是以农民的个体需求为导向的，乡村用户通过媒介赋权有效地实现了平等对话与传播。当各种移动社交 App 日渐成为人们发表意见、分享经验、交流观点的工具时，乡村社会移动传播呈现出泛社交化的发展趋势。这种泛社交化传播搭建了乡村移动传播的完整传播链条，在此基础上，元资本的裹挟与

---

① 沙垚，张思宇.公共性视角下的媒介与乡村文化生活 [J].新闻与写作，2019（9）：21-25.

利益驱使下的农民现实需求，使乡土短视频的兴起成为移动传播需求导向下的必然产物，同时，乡土短视频的勃兴是资本操持下移动传播与乡村社会实践互作的必然结果。

短视频的迅速发展使得社会精神文化层面的优质资源更多地渗透到广大农村地区，促成了乡村文化由被动传播到主动传播的跨越，乡村文化生活得以重启。[①] "三农"短视频、土味视频等体现了村民有效的乡土实践，使村民广泛进入大众传播视域和大众文化场域。乡土短视频勃兴也引发了人们的关注与反思，短视频在内容、数量上突破了传统媒体对乡村的一般叙事。但从资本、技术、文化等因素的视角来考察，短视频并不能完整地映照乡村现实，甚至会出现对乡村书写与记录的整体性偏离。[②] 因此，在看到短视频带来了的农民话语权提升和乡村形象改善的同时，应警惕乡土短视频实践在资本的操持和观众的审美中迷失自我的现象，规避短视频传播主体逐渐沦为表演工具的风险。

（三）媒介化乡村的构建

媒介是最广泛意义上的知识传播机构，是人们了解共同的过去、确定自身所处社会方位的主要来源。当今社会，传播活动已经深入渗透到社会生活的各个层面，因此对"乡村"与"媒介"的关系解读，离不开"媒介化社会"的背景。媒介化使媒介的效力开始渗透到曾经与之相分离的领域，并且以自身的逻辑改变这一领域既有的系统规则，使之不得不适应"媒介逻辑"的过程。[③] 媒介化乡村的构建，是移动传播在乡村社会发展的一种现实映射，这可以通过对乡村日常生活、社会结构及乡土文化等三方面的考察来加以印证。

---

① 王德胜，李康. 打赢脱贫攻坚 助力乡村振兴：短视频赋能下的乡村文化传播 [J]. 中国编辑，2020（8）：9-14.

② 栾轶玫，苏悦. "热呈现"与"冷遮蔽"：短视频中的中国新时代"三农"形象 [J]. 编辑之友，2019（10）：38-48.

③ 戴宇辰. 媒介化研究：一种新的传播研究范式 [J]. 安徽大学学报（哲学社会科学版），2018，42（2）：147-156.

从乡村日常生活看，乡村日常生活的媒介化意味着村民的媒介化行为与日常生活的相互渗透，人们倾向于通过媒介化表达来审视乃至重构自己的日常生活。乡村自媒体人以直播、自拍等颇富个体自我意识的方式来彰显自己的存在感，移动媒体所联结的乡村场域和网络空间一起构成了村民的展演舞台，乡村的日常生活场景在自媒体的介入下呈现景观化图景。

从乡村社会结构看，移动媒介之所以能够形塑乡村社会结构，是因为社会结构有赖于媒介所控制和提供的资源，这些资源既包括以资金、技术等配置性资源，也包括一系列能够对时空、身体与机会加以组织的权威性资源，正是自媒体绑定的符号资本促进了乡村资源的创生、流动与结构转型。① 乡村自媒体人的移动传播实践激活了原本普通平常的乡村世界，使原本见惯不怪的乡村景观、机械繁重的田间劳作，变成了可供人观看、消费的内容资源，城乡之间的要素流动变得更为通畅，并塑造了以个体为中心、由创作主体和受众群体共同构建的乡村媒介化社会结构。

从乡土文化的媒介化看，随着移动传播实践在乡村社会的不断深化，自媒体对乡村的影响逐步实现了从"个体"到"文化"的圈层突围，而移动传播实践始终处于文化实践的中心地位。在各式各样的技术存在形态中，媒介技术成为当代社会技术发展的核心。在移动传播的乡村社会实践中，原本离散无规则的乡村社会，被各种符号或隐喻所替代，自媒体实践在一种"文化符码操持"的过程中，超越了地域，弥合了古今。乡村文化也在实现了脱域传播的同时，改变了自身。②

可见，媒介与社会结构系统之间存在着紧密的互构关系，媒介化乡村所呈现的是一种依托媒介逻辑而展现的动态趋势，移动传播在乡村社会的媒介实践的过程中，以短视频、直播等为主要形式的新媒体的影响力，广泛扩散到乡

---

① 李炜，刘祖云.媒介化乡村的逻辑、反思与建构[J].华南农业大学学报（社会科学版），2021，20（4）：99-110.

② 同①.

村社会的各个领域、各个层面，并引起了乡村社会的日常生活、资源结构与文化形态等方面的深刻变化。媒介化乡村的构建为分析移动传播背景下的乡村社会提供了一个全新的视角，体现了以实践为导向的传播研究思路，并勾勒了移动媒介与乡村社会的互动重构关系。

移动传播打破了时空限制，对乡村社会原有的社会结构与人际关系产生了深刻影响，并重塑了乡村传播的方式，乡村用户基于移动互联网建构起新的社会关系，也给乡村社会走向衰落的公共领域机制提供了新的转机。

（四）移动传播的公共性功能

在哈贝马斯看来，公共领域主要指的是形成公共舆论的公共传播媒介。公共领域本质上就是公众舆论领域，其基本特征就是自由的、理性的、批判性的公众讨论。公众通过公共传媒对公共权威及其政策、公共议题等作出理性评判是公共领域的基本内容。公共传播媒介作为收集、复制及传播信息的机构或手段，既包括传统的报纸、杂志等印刷媒介和广播、电视等电波媒体，也包括以数字技术和网络为基础的移动新媒体。

过去，印刷媒介和电波媒体在信息传播、储存以及公众舆论的建立等方面发挥了巨大作用，但其自身也存在无法克服的缺陷。例如，印刷媒介难以保证传播的时效性，而其传播符号的抽象性又无法兼顾传播的效果；电波媒体的线性传播使受众缺乏选择性，且信息传播转瞬即逝，无法产生传播的长尾效应；同时，印刷媒介和电波媒介的趋利性特点，使它容易被政治权力和资本所操控，存在失去客观、公正和正义的危险。哈贝马斯所说的晚期资本主义公共领域的"再封建化"，指的就是这种情况。[1] 随着网络时代的来临，以数字技术和网络为基础的移动传播媒介深刻地影响着人们政治、经济、文化、社会生活的各个方面。

移动传播实现了媒介从传统的单向传播向互动双向传播的转变，也把公

---

[1] 杨仁忠. 公共领域理论与和谐社会构建 [M]. 北京：社会科学文献出版社，2013：196-197.

共领域的机制扩展到网络公共空间。网络所提供的隐匿、平等、开放的自由空间，给人们提供了平等参与和自由讨论的表达平台，对公共性原则产生了积极影响，也给走向衰落的乡土公共性生产提供了新的契机。在乡村社会，传统的广播电视等大众传播媒介的凝聚与动员能力已日渐衰弱，渐次退居次要地位，基于移动传播媒介构建的虚拟网络公共空间，成为人们自由表达及沟通以形成合意和共识的社会生活公共领域。在媒介的乡土实践和构建媒介化乡村的过程中，移动传播形成了乡土公共性再生产的典型机制，并担当起为乡村社会民众提供表达与沟通平台的社会重任。

第二节　公共性的概念

"公共性"与公民社会、公共利益、公共精神、公共权力、公共舆论、公共领域等概念一脉相承，从公共性的现代意义来看，其往往与公共领域紧密联系在一起。"公共领域是介于国家与社会之间的一个领域，在这个领域中，作为公共意见的载体的公众形成了，就这样一种公共领域而言，它涉及公共性原则——这种公共性一度是在与君主的秘密斗争中获得的，在那以后，这种公共性使得公众能够对国家活动实施民主控制。"[①] 公共领域理论是研究政治民主和公共性的重要理论工具，本节从公共领域的视角探讨乡土公共性的现代意义，力图使公共领域理论成为移动传播振兴乡村社会的重要理论资源和工具。

一、现代意义上的公共领域

从现代社会结构的视角来看，公共领域是介于国家权力系统与市民社会之间的一个社会中间地带，是实现国家政治权力和市民社会联结沟通的纽带。它可以是由私人组成并向社会公众自由开放，通过社会规范、公众舆论、对话

---

① 哈贝马斯.公共领域 [M]// 汪晖，陈燕谷.文化与公共性.北京：生活•读书•新知三联书店，1998：125-126.

协商对国家权力和其他社会力量进行制约的民间自治领域；它也可以是以形成公共伦理和公共理性的公共场所、公共传媒、社团组织和社会运动等公共空间为外在形式的社会文化交往领域。

公共领域作为国家权力和市民社会之间的社会中间地带，既不包括纯粹的私人领域，也不属于国家权力领域范畴，更不是指整个社会生活领域，而是脱离个人，家庭与经济交往领域之外，由各种传媒、公众场所、社团组织和社会运动所组成的一种非官方的、表达各种公众意见的场所，是公民个人以公众身份就社会公共事务展开自由、公开和理性讨论并在此基础上达成共识、产生公共意见的社会文化交往空间。公共领域作为一个以市民社会为依托的公共生活空间，是制约国家权力的重要社会力量。国家机器能够维护个人或团体的既得利益，也能剥夺人们既得的所有权利。事实上，现代社会的国家机器都存在日益脱离社会制约而异化为社会控制力量的风险，这种风险单靠国家机器自身的调节与制衡是无法避免的，这就有赖于国家以外的其他社会力量的制约。公共领域为公民提供了商谈各种公共利益问题的言说平台，并通过由它形成的公众舆论达致公共理性，进而对国家政治权力产生现实压力。[1] 在公共领域中，社会公众的主体性得到释放，能够自主地以意见或行动为手段对国家权力的行使进行公开的讨论与批评，从而促进政治民主和社会公共问题的解决。因此，公共领域作为国家政治力量与市民社会的中介，它以承上启下的方式沟通了国家与民众，既可以整合和表达民间的诉求，又使国家权力受到民间力量的约束，市民社会对政治国家的制衡正是通过公共领域来实现的。

二、公共领域研究

（一）汉娜·阿仑特：政治行动与公共性

阿仑特是政治哲学史上最早提出"公共领域"概念的学者，她通过对人类活动及社会领域的研究，把人的活动分为劳动、工作与行动三种，劳动和工

---

[1] 杨仁忠. 公共领域理论与和谐社会构建 [M]. 北京：社会科学文献出版社，2013：2.

作是人类在自然环境下的活动模式，基本属于私人领域，行动本质上是人类之间的交往与互动关系，基本属于公共领域。阿仑特将公共领域阐释为一个由人们通过言语和行动展现自我，并进行互动和协力活动的领域，可见，行动理论是阿仑特公共领域思想的中心，阿仑特将公共领域视为"由人的言语和行动所开创和塑造"的领域，而行动归根结底也是一种言语的形式。"言语且唯有言语才有意义，一切公民所主要关心就是相互交流。"[①] 阿仑特从"劳动—工作—行动"的划分引导出"私人领域—社会领域—公共领域"的三分理论框架，打破了市民社会"国家—社会"的二元理论格局，创建了新的公共领域理论。[②]

阿伦特认为，公共领域是一个展现自我的独特场所，每个公民都在这个场所通过言语和行动显示出"我是谁"。它提供了一个场所，一个人的"生命本质"在这里借助话语与行动之流展示自我。在阿仑特看来，公共性至少包括三层含义：首先，"公共性"意味着公开性。阿仑特指出："公共"一词表明了两个密切联系却又不完全相同的现象。它首先意味着在公共领域中展现的任何东西都可以为人所见、所闻，具有最广泛的公共性。其次，公共性意味着实体性，它是指人们之间的公共空间借以呈现自身的无数视点同时在场。再次，"公共性"一词的另一层含义是"共同的"。"共同的"既指与公共性中"他者"联系和分离的物质世界，更指一种关于这种世界的想象，即"共同体想象"。[③]

显然，阿伦特的公共领域理论具有乌托邦式的理想主义色彩，正如哈贝马斯所批判的那样——阿伦特保留了古典主义理想的同时却对现实政治并不具有太强的解释力。阿伦特公共领域理论的局限性在于跟现代性的社会情景难以

① 阿仑特 . 公共领域与私人领域 [M]// 汪晖，陈燕谷 . 文化与公共性 . 北京：生活·读书·新知三联书店，1998：61.

② 王庆超，宋明爽 . 阿伦特与哈贝马斯的"公共领域"理论之比较 [J]. 山东农业大学学报（社会科学版），2012，14（3）：100-104，114，120.

③ 阿仑特 . 公共领域与私人领域 [M]// 汪晖，陈燕谷 . 文化与公共性 . 北京：生活·读书·新知三联书店，1998：81-89.

产生接合之点，也难以呈现意义，显得黯然不彰。① 但不可否认，阿伦特及其公共领域思想为哈贝马斯和之后诸多学者的研究奠定了理论基础。

（二）哈贝马斯：公共领域及其公共性

哈贝马斯是最早对公共领域理论进行系统阐述的学者，他在阿伦特的基础上建构了宏大的公共领域理论，成为公共领域重要的理论范式。在《公共领域的结构转型》一书中，哈贝马斯对公共领域的结构、功能和转型进行了深入探讨，他认为公共领域是"我们的社会生活的领域，在这个领域中，像公共意见这样的事物能够形成。公共领域原则上向所有公民开放"。② 概言之，公共领域是介于国家与社会之间的中间地带，它同时是私人领域的一部分，它是一个向所有公民开放、由对话组成、旨在形成公共舆论、体现公共理性精神、以大众传媒为主要运作工具的批判空间。公共领域代表一种以公共权力为内容、以公众参与为形式、以批判为目的的社会文化交流空间。③ 构成公共领域的三个基本要素是拥有理性批判意识的公众、独立而开放的媒体和达成共识。

哈贝马斯认为公共领域包括广泛的人际交往网络、学术与宗教团体，以及如咖啡馆、茶舍、沙龙等具体的公共活动空间。哈贝马斯在《公共领域》一书中指出，公共领域首先意指社会生活中的一个领域，在该领域中能够形成某种类似于公共舆论的东西，所有公民都享有参与该领域内活动的充分保障。公共领域的一部分正是由各种对话构成，它们汇聚了作为个体的公民并形成了公众。哈贝马斯在公共领域中突出了"公共舆论"和"公共性"的概念，他认为正是通过语言的交流互动，公共性才得以构建，这一观念与阿伦特的见解不谋而合，都强调通过言语的交流实现公共性建构。

---

① 蔡英文.公共领域与民主共识的可能性 [M]// 许纪霖.公共空间中的知识分子.南京：江苏人民出版社，2007：93.

② 哈贝马斯.公共领域 [M]// 汪晖，陈燕谷.文化与公共性.北京：生活·读书·新知三联书店，1998：125.

③ 许鑫.网络时代的媒介公共性研究 [M].北京：人民出版社，2015：41.

（三）公共领域理论的引入与争论

哈贝马斯的公共领域思想吸收了黑格尔的市民社会理论、韦伯的合理化理论和阿伦特的公共领域思想，并对"公共领域"进行了专门论述，使其成为一个具有普适性的理论模型。公共领域理论引入中国后，在传播学界引发了巨大反响，哈贝马斯的公共舆论范式被研究者们奉为圭臬。一时间，"公共领域"的用语被肆意标榜，任意滥用，凡是公民参与的意见和行动都被轻易打上了"公共领域"的标签。[①] 公共领域理论进入中国后引发了概念之争，一些学者以西方的公共领域思想为理论基础，使用"公共领域"的概念。一些学者认为中国早已存在"公共领域"，这与西方公共领域概念相通但又有差异，为区别起见，使用了"公共空间"的概念。从公共领域理论的中国化实践来看，不管是"公共领域"还是"公共空间"，均不同于哈贝马斯最初提出的本质定义，事实上，哈贝马斯的公共领域也在不断修正。因此，在公共领域研究的理论范畴内，"公共领域"与"公共空间"的概念争论不关宏旨。

第三节　乡土公共性

公共性是一个复杂且多维度的概念，它在社会、经济、教育、文化等领域都有着重要的意义。本书对公共性的考察着眼于社会学的视角，因此公共性指的是不同个体互相交流、参与和合作的公共平台，体现了社会成员之间的相互依存关系，有助于建立社会共同体，构建和谐社会。

一、乡土公共性研究

在人类社会漫长的历史演进中，公共性在不同历史阶段呈现出不同的历史形态，作为人类社会文明的产物，公共性与人类社会结构及其社会关系密不

---

① 邵培仁，展宁.公共领域之中国神话：一项基于哈贝马斯公共领域文本考察的分析，
　　[J].浙江大学学报（人文社会科学版），2013，43（5）：82-102.

可分，因此可循着人的社会活动轨迹来探究其生产逻辑。研究者们正是基于这样的逻辑，对乡土公共性的产生及消解与重建进行了深入探讨。吴理财从中国乡村个体化的现实出发，分析了个体化的形成原因及如何重建公共性，提出公共性建设是医治中国农村"个体化"病变的良药。① 田毅鹏则研究了村落过疏化与乡土公共性重建问题，他指出实现乡土公共性的重建，既要发挥政府的支撑作用，也不能忽略社会和市场力量的存在，应"反思单一的经济开发策略，由重视物的开发转变为强调文化价值的利用，寻找新的地域振兴主体，以实现乡土公共性的重建"。② 李世敏研究了农村社会组织与公共性关系，认为新时期，农村社会组织快速发展，为乡村社会"中间组织"的重建，进而为乡土团结的再造提供了契机。③ 李世敏同时指出，农村社会组织将"原子化"农民有效组织起来，从而共同建构"新乡土性"。

张良认为公共性是超越个体和家庭层面，能够动员社会成员参与公共事务的组织性力量、凝聚性权力、权威性认同，并将公共性分解为五个变量：公共空间、公共服务、公共交往、公共规则、公共精神。④ 还有学者从乡村治理变革、农民观念治理等角度研究乡土公共性再生产问题，这些研究立足于我国农村当前"原子化""个体化"的现实，多角度探究乡土公共性衰落的原因并提出了对策，但多以思辨研究为主。牛耀红从实证研究出发，以传播视角研究传播与乡土公共性再生产问题，进一步丰富了对乡土公共性的研究。综观国内学者对乡土公共空间和公共性的研究，鲜见从传播角度研究公共空间和公共性的重构问题。事实上，哈贝马斯在早期著作《公共领域的结构转型》中，便开

---

① 吴理财. 论个体化乡村社会的公共性建设 [J]. 探索与争鸣，2014（1）：54-58.

② 田毅鹏. 村落过疏化与乡土公共性的重建 [J]. 社会科学战线，2014（6）：8-17.

③ 李世敏. 经典"公共性"理论辨析：兼谈中西差异 [J]. 理论与现代化，2015（1）：62-66.

④ 张良. 村庄公共性生长与国家权力介入 [J]. 中国农业大学学报（社会科学版），2014，31（1）：24-32.

始关注"交往"的问题，他认为西方社会公共领域中沟通、交往对公共建构具有重要作用。在国家实施乡村振兴战略背景下，研究移动传播对乡土公共性再生产的影响与作用机制，寻求重构乡土公共性的现实路径对乡村振兴具有重大现实意义。

当前，我国乡村社会面临劳动力外流、乡村离散化、空心化现象加剧、乡土团结缺乏有凝聚力和权威性的核心等诸多困境，乡土公共性日渐式微。在此背景下，村民对乡村社会的认同感不断降低，归属感进一步弱化，乡村社会个体精神信仰迷失、价值观多元，乡村生活的意义被消解，乡土价值黯然不彰。在这个过程中，村民缺乏公共事务参与热情，个人主义却不断异化，这又对乡村公共服务供给形成反噬，并进一步加剧了乡村的道德文化断层和乡风文明传承的难以为继。因此，乡土公共性研究对乡村社会建设与乡村治理将产生重大而深远的影响。

二、乡土公共性的内涵

公共性是人在社会实践活动中所表现出来的一种社会属性，是超越个人和家庭层面，能够动员社会全体成员参与公共事务的组织性力量，具有权力凝聚和权威认同的双重属性，本质上是人的自利性与利他性整合形成的共性。梳理从传统时期到集体化时期再到个体化时期我国乡村社会的发展历史，不难发现，传统时期家族关联式公共性使每个家族成员团结在家族权威周围，集体化时期行政关联式公共性把农民的私人生活和公共生活都纳入了国家体系，而个体化时期乡村社会面临公共性消解的困境，亟待重建公共性中心，实现乡土公共性再生产。公共性的形成不仅与村庄内部社会结构有关，还与外部国家力量介入程度、权力介入方式密切相关。

笔者借鉴张良的做法——将公共性分解为五个变量：公共空间、公共服务、公共交往、公共规则、公共精神，结合这五个变量来阐述乡土公共性的内涵。"公共空间"是供村民日常生活和社会生活公共使用的物理空间，以及展现在空间之上的人们的广泛参与、交流与互动，如文化活动中心、庭院、庙宇等。"公共空间"不只是一个地理的概念，更是村民用以互动交流、文化活动、信息传递的场所。"公共服务"是为村民提供的公共福利与社会服务，包括乡村的公共设施建设，乡村教育、科技、文化、卫生等公共事业等。"公共交往"是村民之间超越个体与家庭层面的社会交往，诸如红白喜事、祭祀活动、经济合作、公共文化活动、公共事务参与等。"公共规则"是指那些能有效规约村民行为，增强村民之间一致合作、减少冲突摩擦，并整合社区的规则体系[1]，如村规民约、公共舆论、权威规则等。"公共精神"是指自愿参与村庄公共事务的公益情怀与自觉把公共利益放在首位的利他主义。

将乡土公共性是置于乡村社会这一特定范围内，可以这样定义乡土公共性：它强调的是某种与公众和共同体（集体）相关联的性质，是某一文化圈成员共同享受某种利益，因而共同承担相应义务的制度。[2] 乡土公共性强调特定空间或文化领域里人们的共同利益、价值观和行为准则，还包括个体在公共理性指导下参与公共事务、维护公共利益的行为和态度。

三、乡土公共空间的建构基础

交流与沟通是建构乡土公共空间的基础，哈贝马斯强调公共领域的属性并非一个系统或一种设置，而是作为一种社会空间的存在，在这个自由空间里，大众建立起以沟通、交流为中心的公共交往。公共领域是市民社会和国家权利系统之间的一个缓冲地带，是介于国家和社会之间的民众自由讨论公共事务、平等对话和参与政治的公共空间。在这个自由空间里，大众建立起以沟通、交流为中心的公共交往。公共领域理论的乡土应用，是指乡土公共空间所具有的公共性特质，体现的是当代中国乡村社会的公共服务、公共交往、公共规则和公共精神，折射出当今乡村社会农民多元的价值理念与公共意识的交织与博弈。

---

① 董磊明.村庄公共空间的萎缩与拓展 [J].江苏行政学院学报，2010（5）：51-57.

② 谭安奎.公共性二十讲 [M].天津：天津人民出版社，2008：1.

　　乡村社会的交流和沟通活动是指乡村地区不同个体之间进行的人际交流活动，对于促进农村社区发展、增强村民之间的联系具有重要意义。哈贝马斯的公共性理论主要体现在"公共领域"理论和"交往理性"理论，"公共领域最好被描述为一个关于内容、观点，也就是意见的交往网络；在那里，交往之流被以一种特定方式加以过滤和综合，从而成为根据特定议题集束而成的公共意见或舆论"。[①] 其实，哈贝马斯在研究西方社会公共领域时，便指出沟通、交往对公共建构具有重要作用。乡村交流与沟通活动的作用主要表现在三个方面：一是可以促进信息的传递和共享，农民通过这种交流与沟通了解到最新的农业技术、市场动态和政府政策等信息，有助于提高农业生产效率和收入；二是可以增强村庄共同体的凝结力，强化村民的归属感。通过交流，居民之间建立起互信和友好关系，形成密切的社区网络，有助于解决共同问题和推动社区发展。三是有助于保护和传承乡村文化。人们在交流和互动中分享彼此的文化和传统，增进互信和尊重，从而促进文化传承和传统价值观的传播。

　　乡村的这种交流和沟通活动可以通过多种方式进行，如定期组织村民集市、文艺演出、运动比赛等社区活动，建立社区网站、微信群、论坛等社区交流平台等。此外，还可以开展农业技术培训、文化讲座等培训和教育活动，提高村民的技能水平和文化素质，促进交流和互动。当然，有效促进乡村交流与沟通也需要采取一系列措施，可从三方面着手：一是加强宣传和推广工作，提高村民对交流与沟通活动的认识和重视程度，鼓励村民积极参与；二是建立健全的交流机制和平台，提供便利的交流渠道，方便村民之间的沟通和交流；三是注重打造交流文化，营造良好的交流氛围，如组织志愿者团队，开展邻里互助等活动，形成村民之间的情感纽带。由此可见，乡村社会的交流与沟通对于乡村发展具有重要意义。

---

① 哈贝马斯.在事实与规范之间：关于法律和民主法治国的商谈理论 [M].童世骏，译.北京：生活•读书•新知三联书店，2003：446.

乡土公共空间通过各种形式的社会联系构成了一个有机整体，并借助这些社会联系和相互交流的方式形成相对稳定的某种公共特质，从而构建了一个社会学意义上的村落公共空间。乡土公共空间是地缘、文化、社会交往行为等因素的综合，长期以来，正是乡村独特的地缘关系、文化习俗及生活方式，使其对国家权力、市场经济的侵蚀具有天然的防御能力，既具备公共性内涵又保留了乡村社会的独特属性。因此，乡土公共空间存在的基础是交往与沟通，建立在社会交往基础上的自由表达与互动沟通，解决了乡村社会因信息沟通不畅而产生的诸多社会矛盾与问题，孕育了乡土公共空间并促进乡土公共性的再生产。乡土公共空间的发展又为乡村振兴提供了充分的社会空间，促进了村民自治与基层民主。实际上，某种程度上乡村社会的公共空间已经具备了市民社会的部分特征，如个体化、参与性、公开性等。乡土公共空间的发展必将对乡村社会改革、构建和谐社会、推动乡村振兴产生积极而深远的影响。

第四节　公共领域对乡土社会的现实意义

公共领域是西方语境中的理论范式，哈贝马斯强调公共领域的属性并非一个系统或一种设置，而是作为一种社会空间的存在，是介于国家和社会之间的民众自由讨论公共事务、平等对话和参与政治的公共空间。在这个自由空间里，大众建立起以沟通、交流为中心的公共交往。乡村振兴背景下，乡村自治及基层社会变革引发了人们对乡村社会结构及其运行的深入思考，公共领域理论对当代中国社会具有跨文化的普适性，在构建和谐社会、实现乡村振兴中发挥着巨大作用，是促进乡村社会信息沟通与传递、社会整合与群体认同、实现个人与村庄共同体良性互动并最终实现乡村自治的有效路径，也是推动乡村振兴、构建和谐社会的重要内容和关键环节。

一、公共领域是推动乡村振兴的重要内容和有效途径

公共领域作为介于国家政治力量与市民社会的一个中间结构，在当今的中国社会已是一种现实的社会存在。随着改革开放以来中国社会结构的转型巨变，中国社会发生了"政治空间转换"："国家权力向社会的转移与回归，即国家权力从经济、社会以及政治等各个领域'有序退出'，而兼具社会性、民间性与中介性的非政府组织承接了由政府组织剥离与转移出来的部分公共事务管理的职能，并迅速填补了国家权力有序退出的空间。"①

国家权力从农村的退场，为乡村社会公共领域的生长提供了土壤和阳光，乡土公共空间正在逐渐形成。具体来说，一是市场经济的确立与发展壮大为公共领域的产生和发展奠定了经济基础。二是报纸、广播、电视、互联网等迅速发展，并开始扮演公共传媒的角色，发挥其对国家权力的制约作用。三是随着个体化进程不断推进，国家权力对乡村社会的控制力不断式微，农民的自主行动和组织能力显著增强，对公共空间的现实要求也愈加迫切。随着公共领域在中国社会的发展与不断壮大，其社会作用也得以凸显，对推动乡村振兴发挥着无法取代的独特作用，具体表现在以下三个方面。

（一）解决个体化进程中的乡村社会问题

公共领域是解决个体化进程中的乡村社会问题并推动乡村振兴的有效途径。乡村振兴是基于城市迅速发展与乡村步伐滞后产生了巨大差异的现实而提出的。改革开放40多年来，我国社会主义现代化建设取得了举世瞩目的成就，人民生活水平显著提高。但也应看到，现代化过程中乡村社会的个体化现象。随着城镇化、现代化进程的推进，传统的乡村社会日益由封闭、静止走向开放、流动，乡土文化的主体性不断解体，村民对传统乡土文化的归属感与认同感日趋衰弱，社会整合和群体认同在乡村社会变得越来越艰难。在一些乡村地区，

---

① 刘祖云.行政伦理关系研究 [M].北京：人民出版社，2007：138.

社会阶层分化严重，社会利益关系复杂，许多社会问题开始频频显现，如信仰缺失、道德滑坡、孝道衰弱、离婚率陡增等现象屡见不鲜，乡村社会的传统伦理规范正日趋解体。尤其是极端个人主义的张扬，使乡村社会的群体认同与社会整合遭遇严重打压甚至扼杀，乡村社会公共参与、社会合作能力不断衰弱。这些由于社会转型引发的社会问题，对乡村社会稳定和经济发展形成了潜在威胁，单纯依靠国家权力和制度性力量来解决这些问题困难大、成本高。因此，在国家体制之外引入公共领域来缓和、解决这些复杂的社会矛盾与冲突是必要和有效的途径。因为，公共领域作为一种非制度性的社会力量和非强制性的权力系统，在其话语体系中的自由讨论和表达，既能对国家权力的行使产生持续的压力，又能加强政府权力的力量，使公共领域的交往权力转化为行政权力。[1]显然，相比于用国家权力系统的单一渠道来解决当下中国乡村社会的问题，公共领域这种体制外的综合力量无疑更具有效性。

（二）推动乡村基层民主政治建设

公共领域是推动乡村基层民主政治建设、实现乡村振兴的重要内容和关键节点。乡村振兴是一项包括乡村产业振兴、人才振兴、文化振兴、生态振兴、组织振兴等目标内容在内的系统工程，社会和谐是乡村振兴的核心和目的。乡村振兴既要注重经济和社会的发展，更应关注和谐社会的构建。我们所要建设的社会主义和谐社会，应该是民主法治、公平正义、诚信友爱、充满活力、安定有序、人与自然和谐相处的社会。[2]基于此，坚持以人为本、尊重和激发全社会的创造精神与活力、妥善协调各方利益关系是构建和谐社会的重要内容。从这些内容来看，公共领域不仅是乡村振兴不可缺少的一个关键节点，而且是建设和谐社会的重要内容。公共领域培育了法治精神，形成了社会权力，消解了国家压力，它的培育与成熟是实现和谐社会的前提基础。

---

① 杨仁忠．公共领域理论与和谐社会构建 [M]. 北京：社会科学文献出版社，2013：6.
② 同①.

公共领域作为存在于国家权力系统和市民社会之间的中间社会结构，它能够把独立个人之间的相互承认和自主交往关系升华为一种普遍关系，从而促进民主政治的实现。[①] 乡村社会民主政治建设是以舆论监督为基础的民意政治建设，而民意的集中与协调是民主政治最基本的前提。公共领域给村民提供了政治制度以外的利益诉求与自由表达的多种途径，人们通过它发表意见、参与乡村民主政治建设，促进乡村自治；而国家通过公共领域了解民意、获得社会认同并凝聚社会力量，从而有效化解乡村社会的各种冲突和矛盾，顺利推动乡村民主政治进程。

二、公共领域是缓解乡村社会矛盾、激发乡村内生动力的重要资源和场域

首先，公共领域是社会信息的集聚地和扩散场，其所具有的信息的沟通与传递功能能有效消解乡村社会因信息沟通不畅而产生的社会矛盾，从而促进社会和谐与乡村振兴。公共领域在国家与个人之间的信息沟通上发挥了纽带作用，一方面，它把乡村社会的矛盾与问题向上传递，以便政府在掌握民情民意的基础上及早作出应对，从而有效避免引发激烈的社会冲突；另一方面，它把国家权力系统的政治意志向下传达，避免因缺乏沟通渠道而造成政治信息失真等问题，从而减少社会矛盾和冲突。公共领域作为国家权力与市民社会的中间地带，对化解社会矛盾、减少社会冲突、实现社会稳定、促进社会和谐具有重要作用。公共领域使国家与民众既紧密连接又形成区隔，降低了国家权力直面民众而导致政治冲突的风险，同时开辟了国家与民众沟通的多元渠道。作为个人与政治国家之间的平衡器，公共领域在个人与国家之间架起了理性沟通的桥梁，并确立了三者在乡村社会结构中的稳固秩序。

其次，公共领域是乡村社会活动的公共空间与互动交往平台，其所具有的社会整合和群体认同功能为村民提供了广阔的公共交往舞台，促使村民走出私域生活空间，积极参与到广阔的社会交互场域，从而激发出乡村发展的内生

---

① 杨仁忠.公共领域理论与和谐社会构建[M].北京：社会科学文献出版社，2013：7.

动力。公共领域的媒介机制为村民进行社会政治交往提供了制度安排和组织保障，村民在媒介赋予下广泛参与公共事务，在与"公"的政府沟通的同时，在"私"立场的坚持下，又将个体意见与诉求通过公共舆论等途径传导到政治权力领域，并对权力系统形成显性或隐性的压力，最终形塑对国家力量具有质疑力和批判力的公共空间。

最后，公共领域培育乡村社会公共精神，促进公共性的形成。公共领域的公共性原则，要求人们在建构公共秩序、参与公共事务等活动过程中，不能仅凭个人意愿行事，而要听取他人意见，向他人阐明自己的认识和立场。在这种精神交流的双向互动中，公共领域表现出公共参与、公共关怀和公共理性的特征。乡村社会的公共领域活动培养了村民的公共精神，形成了公共理性，也为乡村振兴提供了源源不断的精神动力和社会资本。在公共领域里，人们的互动交流超越了个人私利、集团特权等层面，而是在表达、争论和融合中彼此寻求达成社会共识的途径，最终促成公共理性的形成。正是在公共领域的活动中，村民体验到了自由、平等的民主精神，最终形成了公共、民主的生活方式。因此，公共领域所培育的公共精神，追求的是一种摆脱了个体"私人性"和超越了政治国家"强制性"的公共性，它凝聚了村民对于公共事务的共同关注和积极参与的群体力量，激发了乡村社会发展的内生动力，这些对于乡村振兴是至关重要的社会资源和精神资本。

三、公共领域是构建和谐乡村社会的现实要求与关键环节

从本质上说，我们所要建立的和谐社会是一个"公共性"社会，是一个民主法治、公正合理、人权彰显的民主政治社会，也是一个崇尚多元共存、公共理性、和谐共生等文化价值理想的善治社会，是一个能够实现政治国家、私人领域、公共领域三者良性互动的现代公民社会。① 社会主义和谐社会应该是民

---

① 杨仁忠. 公共领域理论与和谐社会构建 [M]. 北京：社会科学文献出版社，2013：103.

主与法治、公平与效率、活力与秩序、科学与人文、人与自然的和谐统一，这既是构建社会主义和谐社会的具体要求，也是社会主义和谐社会的本质内涵。

（一）公共领域促进乡村治理

社会主义和谐社会首先应当是民主法治的社会，民主政治是构建社会主义和谐社会最重要的核心支柱。在社会主义和谐社会的民主法治、公平正义、诚信友爱、充满活力、安定有序、人与自然和谐相处这六个基本特征中，民主法治应该是处于核心地位的。和谐社会是尊重人民群众创造精神的社会，是人民群众积极性得到充分发挥、各种积极因素得到充分调动的社会。民主和法治密不可分，和谐社会应该是有序运行的善治社会，反对社会的无序化与无序状态，而法治是乡村社会有序运转的重要保证。

因此，公共领域作为介于政治国家与市民社会之间的一个由私人集合而成的公众领域，在促成国家与社会间距的同时又沟通了两者，并以公共交往和公众舆论的形式在制衡国家权力的同时又为之提供着合法性基础。因此，公共领域既能够为和谐社会建设提供深层社会结构基础，又能够弥合国家与社会的间距，促进国家与社会良性互动，从而促进乡村治理，构建和谐乡村社会。

（二）公共领域缓解乡村社会矛盾

社会主义和谐社会是追求公平正义的社会，要求妥善协调社会各方面的利益关系，正确处理人民内部矛盾，切实维护和实现社会公平正义。追求公平正义是实现社会和谐的前提，没有公平正义就没有和谐。公平正义是协调社会各阶层关系的基本准则，涉及经济、政治、文化等社会生活的各个方面，核心是社会利益关系问题。实现和谐乡村社会的公平正义，就要妥善协调社会各方面的利益关系，正确处理人民内部矛盾和其他社会矛盾。在利益问题上，如果处理不当，必然引发利益冲突，产生社会矛盾，甚至导致社会动乱。公共领域对化解社会矛盾、减少社会冲突、实现社会稳定、促进社会和谐具有重要作用。

（三）公共领域激发乡村社会活力

社会活力是构建和谐社会的必然要求，也是推动乡村振兴的现实力量。社会活力是指社会主体、社会客体和社会机制的活力，是社会成员个体活力和全社会凝聚力、向心力和整合力的有机统一。[①] 社会活力体现在政治、经济、文化等各方面。公共领域对激活乡村社会活力发挥着重要作用，具体来说，政治上的活力可通过充分发扬社会主义民主，引导和发挥村民参与政治的主动性和积极性。经济上的活力可通过不断深化改革开放，激发广大村民的发展愿望和动力，从而促进乡村社会经济发展，推动乡村振兴。文化上的活力可通过弘扬乡土文化，提升村民道德和文化素质，充分发挥文化对人的引导、教育功能，营造和谐的乡村社会氛围。综上，从本质上说，公共领域是充分发挥乡村社会活力的有力保障，只有在政治、经济和文化各个层面把村民的根本利益作为出发点和落脚点，积极调动各方积极因素，才能营造和形成乡村社会强大的凝聚力，而这一切的基础是公共领域在政府和村庄之间所发挥的中介作用。

（四）公共领域保障乡村社会稳定有序

和谐社会的一个重要标志是安定有序，安定有序是指社会处于平稳、有秩序状态，乡村社会的安定有序就是指乡村在经济、政治、文化、社会生活各方面都平安稳定、秩序井然。乡村社会的稳定有序，最终表现为人心的安定，这就需要在政治、经济和社会生活各层面有民主法治、有合适的诉求渠道和缓解社会矛盾的调节阀，能让人们感受到公平和正义。要使乡村社会不存在对抗性矛盾，完全通过民主的、经济的、调解的非对抗方式来解决各种社会矛盾和冲突，公共领域无疑就是解决这类矛盾和冲突的理想场所，矛盾各方能够通过交流和协商寻求解决方案，达成共识，从而实现互相促进，和谐发展。

[①] 杨仁忠.公共领域理论与和谐社会构建 [M].北京：社会科学文献出版社，2013：131-132.

第二章　当代中国乡土公共性的
产生背景与演变历程

对当代中国乡土公共性产生的考察，应从"国家—社会"关系的视角分析当代中国乡土公共性的产生背景，梳理乡土公共性的演变历程。从改革开放到市场经济体制的初步建立，在这一过程中，市民社会逐渐成长，民主政治获得长足进展，"国家—社会"关系的变化奠定了当代中国市民社会及公共领域存在的社会基础。在此基础上的第三次传媒改革，则推动传媒与"国家—市场—社会"关系的变化，传媒理念、体制及实践也发生变化，传媒的公共性应运而生。本章依循我国社会改革的历史脉络，对当代中国"国家—社会"关系变化中的乡土公共性产生、演变及传媒变迁与乡土公共性进行阐述。

第一节　当代中国乡土公共性的产生

一、产生背景：改革开放以来"国家—社会"关系的变迁

（一）有关"国家—社会"的争议

自20世纪90年代以来，有关我国"国家—社会"关系的研究主要集中在两方面：中国市民社会研究和中国社会结构变迁研究，而对市民社会的研究是主流。关于我国"国家—社会"关系的研究取得了不少成果，但也存在一些争议问题。关于我国"国家—社会"关系的分析框架存在"两分法"和"三分法"的争议，两分法主张采用"国家—市民社会"的分析框架，三分法主张采用"政

治—经济—公民社会"的分析逻辑。许鑫认为，从当代中国"国家—社会"关系发展实际来看，社会主义市场经济发展尚不充分，国家现代化主要依赖市场力量推动，市场力量虽也可能侵犯公民权利，但经济的自足是我国社会走向独立的主要后盾，加之我国改革采取了"经济先行"策略，政治体制改革相对滞后，影响民主政治和现代化的发展，因此分析我国社会关系变迁，宜采用"国家—社会"二分法的分析框架。[1]

实际上，学术界对应用西方的二分法框架分析中国问题也未达成共识。有人认为我国尚未形成独立自治的社会结构，不能采取西方式"国家—社会"对立的模式来解释，我国市民社会与国家的关系不是国家与市民社会孰高孰低的简单问题，也不是两者的简单平衡或良性的结构性互动关系。也有人反对采用二分法来分析中国历史，因为这种二元范式特指西方语境下国家与市民社会对立的范式，这与我国社会现实明显不符。笔者较为认同许鑫的观点，即分析我国的社会结构应当采取符合中国国情的"国家—社会"二元框架，把握我国社会转型期"国家—社会"关系动态变迁的真实面貌，这种二元框架不是基于西方国家与社会相互独立与对抗的模式，而是一种新型的国家与社会既相分离又相统一的整体模式。[2]

（二）"国家—社会"关系中的农民行为逻辑

从"国家—社会"的视角审视农民的行为逻辑，必须建立在对农民所处的社会历史条件进行深入考察的基础上，否则是徒劳的。因为在不同社会历史时期，农民的行为逻辑具有其独特性，超历史的农民行为逻辑是不存在的。

在传统社会时期，国家权力在乡村社会是松弛无为的，只具有象征性意义，农民的行为逻辑主要由乡村社会结构决定。传统乡村社会结构是以"己"为中心的"差序格局"，这种不同的乡村社会结构，形塑了农民不同的行为逻辑。

---

[1] 许鑫. 网络时代的媒介公共性研究 [M]. 北京：人民出版社，2015：84.
[2] 同①.

在集体化时期，国家权力直接嵌入乡村社会并建立了无所不包的一体化政治体系。在这一政治体系下，国家权力几乎可以触及乡村社会的每个角落，这一时期农民的行为逻辑是由国家和集体来塑造的。这种自上而下强加的集体主义行为逻辑极大压缩了乡村社会本身的空间，也在一定程度上剥夺了农民的人身自由与权力，农民在公开场合遵循的是一种集体主义行为逻辑，私底下却仍然维持着一贯的行为逻辑，因为家庭的利益才是他们最终所关心的。因此，在集体化时期，农民家庭与社会、个人与集体之间始终存在一种或隐或显的冲突和紧张关系，如何维持二者之间某种程度的动态平衡成为当时国家农村政策调整的核心议题，也就是说，在集体化时期，农民在公开场合所表现出的行为逻辑更多的是一种表达性现实。在国家权力的强力干预下，农民公开的行为逻辑与私下实践的行为逻辑被迫分离，这就好比一场盛大的假面舞会，人们在假面下的狂欢表演与生活中的真实行为是不同的。农民在集体生活中所展现的行为模式往往表现出一种策略性的适应性，旨在在集体框架内寻求个人利益与集体利益的最大公约数。

改革开放以后，农民从集体主义中逐渐脱离出来，农业生产基本上是家庭经营，农民获得了更多自由流动和外出务工的机会，这一转变极大地激发了农民在农业生产上的积极性。随后，农业家庭经营的改革迅速扩展到整个经济领域，并推动了经济市场化改革的进程。与此同时，国家权力也从乡村社会有选择地退出，很少再干预农民日常生活，这在客观上为乡村社会提供了一定空间。随着社会的急剧转型和人口的快速流动，这些崛起的个体从集体、村庄、家庭乃至传统的规范中脱离出来，成为不受限制的自由人，由此也开启了乡村的个体化进程。但个体化并非一种"在真空中任意戏耍的行动逻辑"，它也不只是一种主观性，现代主体行使其选择权的空间绝不是一个非社会的领域。[①]

---

① 乌尔里希·贝克，伊丽莎白·贝克—格恩斯海姆.个体化 [M].李荣山，范譞，张惠强，译，北京：北京大学出版社，2011：3.

同时，社会本身并没有重新连接起来，不能为这些崛起的个体制订新规范。当传统规则已渐行渐远，现代规则下的个体必须部分地为自身提供规范或指导方针，通过行动把现代规则或指导方针引入个体的发展轨道。如同德国社会学家贝克所指出的那样，与现代西方社会中的制度性压力倾向于提供服务或激励人们行动不同的是，中国现代规则或指导方针要求人们必须积极努力，必须懂得在竞争有限资源时维护自身，而且是日复一日、年复一年。

与西方社会相比，中国乡村的个体化主要是体现在私域而非公域，也就是说与公共领域相适应的自由或政治参与，并没有得到同步发展，在当代中国，"强国家—弱社会"的格局没有根本改变，"国家—社会"关系既非改革开放前的一体化关系，也不同于西方的社会对抗国家的关系，而是分离中有结合，变动中有分化。由于我国"国家—社会"关系的这种极端复杂性，导致我国乡村个体化进程是不健康、不完整的。随着社会急剧转型与人口快速流动，崛起的乡村个体不但从村庄共同体中脱离出来，而且从传统的规范中脱离出来，成为无所依靠、不受拘束的自由人，乡村社会个体化趋势日益明显并不断强化。个体化在乡村社会的扩散本质上与城市是相通的，只不过折射出不同的色调。个体化也意味着城市化，城市化把城市的角色模式引入了乡村生活，即便有些地方的生活方式和传统似乎并未改变，那也是出于选择有意为之。关键在于，个体化进程的发展程度与现代性的增长相维系。个体化既是对现在的警示性诊断，也是一股涌向未来的浪潮。[①]

综上，对农民行为逻辑的分析不能局限于一个村庄范围内，必须放在国家、社会中进行分析。从这一视角审视农民的行为逻辑，个体化其实是由特定的国家和社会建构的，特定的国家社会形势产生相应的农民行为逻辑。乡村社会的个体化很大程度上是由国家推动的，其初衷是解放和发展生产力，然而国

---

① 乌尔里希·贝克，伊丽莎白·贝克—格恩斯海姆. 个体化 [M]. 李荣山，范譞，张惠强，译，北京：北京大学出版社，2011：6.

家力量却没有及时为这些解放出来的个体提供必要的社会保障体系。因此，重构乡土公共性，实现乡村社会重新连接，从而构建一个强大而充满活力的公民社会显得非常必要且紧迫。

（三）改革开放以来中国乡村社会结构的变化

改革开放以来，我国社会发生了广泛而深刻的变化，经济领域开展了市场化改革，国家虽然继续控制公共领域，但社会私人领域有了很大的自主空间，国家与社会开始分离，国家与社会关系发生了巨大变化。具体来说，就是全能型政府退场后，乡村社会的经济分化和社会分层现象日益显著并引起了乡村社会结构的深刻变化，最根本的变化是由"总体性社会"向"分化性社会"转变。随着中国社会现代化、城镇化进程的不断发展，乡村人口外流，乡村大量青壮年劳动力进城务工造成了农村的"原子化"和"空心化"，乡村社会结构缺少强有力的领导性结构。

随着我国经济体制改革的开启，市场力量对乡村社会结构产生了巨大冲击，"国家—社会"关系发生了显著变化，国家向乡村的渗透范围不断缩小直至完全退出，乡村社会力量得以生长并增强。体制改革必然产生社会结构的变迁，相对独立的乡村社会开始形成。改革开放以来，我国乡村社会结构的变迁主要体现在三方面：一是在社会管理上，国家对乡村社会的管理手段不断多样化，管理力度明显减弱，掌控的社会资源大大减少。二是从经济层面看，广大乡村地区全民所有制经济的比重大幅下降，而集体、个体经济成分迅速上升。三是国家对自身的权力结构也进行了相应调整，地方政府乃至乡村个体的自主权不断扩大，个人对国家的依附性明显降低，农民主体性显著增强，相对独立的乡村社会力量初步形成。

从乡村治理的制度层面看，乡镇政府与村委会之间不是上下级的行政隶属关系，而是指导和被指导的关系，村庄从一个行政化的社会变成了群众自治性的社会。在人民公社逐渐走向解体的过程中，乡村社会的自身发育也在滋长，各地先后出现了一些自治性的村民委员会组织，承担起公共事务的管理。国家为了弥补农村出现的制度真空，积极支持"乡村自治"的行为，在法律层面上规定了乡、镇为我国最基层的行政区域，设立村民委员会作为基层群众性自治组织。[①] 从社会阶层结构上看，改革后的乡村社会阶级，阶层分化越来越明显，乡村熟人社会产生了一个强有力的富人群体，这个富人群体导致村庄社会结构出现极化效应，并因此对村庄治理产生巨大影响。

（四）国家与乡村社会关系的不断松散

在我国，长期存在"强国家—弱社会"的国家与社会关系结构。随着我国市场经济改革和民主政治建设进程的推进，国家与乡村社会关系也发生一些变化，但是由于我国改革是在国家力量主导下的螺旋渐进式改革，确保国家长治久安是全面深化改革的目标和基础，一旦改革超出国家的承受能力而对社会稳定产生威胁，国家就会采取断然措施加以遏制。长期以来，乡村社会与国家的连接紧密而稳固，国家力量通过行政指令、税收、公共资源和设施提供等方式实现对乡村的调控。随着改革的深化和个体化进程的推进，乡村与国家之间原本较为牢固的联系不断松动并趋于解体，国家权力在乡村社会逐渐隐退。世纪之交开启的农村税费改革，切断了乡村基层政府与村民的最后连接，基层政府组织已很难有效形成对农民的整合与动员，国家在乡村社会的权威性认同和凝聚性力量式微。另一方面，我国改革采取了经济优先策略，随着我国社会主义市场经济体制的确立，政治体制改革滞后的弊端不断凸显。伴随经济领域改革的不断深入，市场取代国家成为资源配置的基本手段，契约取代行政命令成为社会整合的主要方式，乡村社会对国家的依附性不断降低，并产生了一部分富裕群体。我国国家与乡村社会关系的这种松散性结构的形成，是国家与乡村社会关系双向调整的结果。虽然国家力量对乡村社会的干预和渗透大大减弱了，但地方政府的力量依然存在并在不断增长，"强国家—弱社会"格局并没

---

① 张健. 中国社会历史变迁中的乡村治理研究 [D]. 咸阳：西北农林科技大学，2008.

有发生根本改变，乡村社会力量增长的背后，是政府行政力量的持续加强。因此，无论是国家层面，抑或是乡村社会本身，都需要公共性来维系国家与社会的稳定、缓解社会冲突和矛盾、消弥城乡差异。

二、推动力量：媒介传播与乡土公共性再生产

（一）媒介传播促进乡土公共性再生产

1. 媒介在乡村社会的发展

传播媒介是国家权力治理乡村社会的有效工具，一直以国家符号形象嵌入乡村社会。时代的进步和技术的发展，使乡村社会的传播媒介经历了从传统的广播电视到当前的智能手机、移动终端等移动互联媒介的更迭。传播媒介与乡村社会有着紧密的内在联系。传播媒介作为一种国家治理工具，是国家政策和国家意志在乡村下沉与扩散的关键，不仅促进了乡村社会的发展，还深刻影响和改变了乡村社会的发展进程。另一方面，传播媒介和传播技术对乡村社会不仅具有宣传动员、资源整合的作用，还能提升村庄的凝聚力和共同体意识。数字技术和网络的发展，使传播媒介深深嵌入乡村社会结构，传播媒介与乡村社会的深度互动，改变了农民的行动逻辑，形塑了乡村社会关系和文化形态。[1]

2. 乡土社会公共性的衰落

乡土公共性是乡村社会个体之间利益联结和情感联结的纽带，是村民参与乡村公共事务治理的基础，更是构建和谐乡村社会、实现乡村振兴的关键。随着现代化和城镇化进程的推进，乡土公共性陷入不可避免的衰落境地。随着乡村社会人口大量外流，尤其是农村青壮年劳动力大规模涌入城市，乡村社会"过疏化""空心化""原子化"现象日益凸显。乡村公共事务参与主体缺失，留守人口社会参与积极性下降，消解了乡土公共性。公共性衰落所带来的危机已经在广大乡村地区显现，最突出的表现是乡村社会治理面临极大挑战，最直

---

① 李烊，刘祖云. 媒介化乡村的逻辑、反思与建构 [J]. 华南农业大学学报（社会科学版），2021，20（4）：99-110.

接的后果是乡村治理主体在村社会治理中集体失语。同时，乡土公共空间的衰败一定程度上影响了乡村民主政治的制度性和参政效用，从而导致村民对于乡村公共事务漠不关心，乡村自治和民主某种程度上遭到破坏。乡土公共性的衰落进一步造成了乡村道德失范和价值认同缺失，再造乡土公共性对维护村庄共同体的公共价值意义重大。

3. 乡土公共性重构

公共性是超越个体和家庭层面，能够动员社会成员参与公共事务的组织性力量、凝聚性权力和权威性认同，具有提供公共产品和服务、促进社会交往和增进社会关联等多重功能。哈贝马斯指出，公共性是一种理性与道德，它让公开事实接受具有批判意识的公众监督。乡村是一个熟人或半熟人社会，农民的日常行为逻辑在个体与家庭、村庄的互动关系中被定义，而乡土公共性在其中起着中介和纽带作用。公共性作为政府合法性的基础，是对国家权力的一种约束和监督，强调通过多元主体"共同在场"和互信合作的集体行动，实现公共资源分配的公平性与合理性。乡土公共性以社会关系、利益联结和情感共融为驱动促进公共事务治理，达成村庄共同体价值共识与文化认同。

乡土公共性的形成与乡村社会结构及其变化有关，也与国家权力的介入密不可分。大众媒介作为乡土公共性的载体，是国家进行乡村治理的一种有效信息传播手段，发挥着政治认同与社会整合的功能。传统时期，我国乡土公共性具有自发的内生性特点，广播电视等传统媒介作为国家意志的表达工具，起着社会动员和整合的作用。媒介在广大农村地区建立起的政治传播话语体系，证明这一时期的媒介是嵌入乡村社会的舆论喉舌和治理工具。

改革开放后，乡村人口大量外流造成了乡村社会的"离散化"和"空心化"，乡村社会关系与日常互动交往变得松散，农民的主体性文化认同与集体行动能力不断弱化，国家权力在乡村构建的治理秩序和乡村内生的传统民间规则对乡村社会的治理效果式微，乡土公共性趋于消解。在乡村社会的现代化进程中，个体化变革开始出现。"去传统化、脱嵌、通过书写自己的人生来创造属于自己的生活，以及无法抗拒的更加独立和个人主义的压力，所有这些西欧个体化特征也同样发生在中国的个体身上。"[1] 从个体化与公共性的关系来看，人口流动使乡村群体从传统社会的禁锢中解脱出来，社会关系与交往突破了特定地域的限制。这种从村庄、宗族或家庭束缚中的脱嵌，只是暂时的，因为大多数乡城流动人口处于半工半耕状态，依然保持着村庄的土地权属关系、集体经济组织成员身份和乡土人情关系，与整个村庄依然存在难以割断的联结。因此，个体需要寻找新的社会关联，强化村庄共同体成员身份。

移动互联网时代，智能手机网络在乡村社会的普及为乡土公共性再生产提供了新的契机。作为数字社交媒体的村务微信群，为流动性日益增强的村民再次嵌入乡村公共生活提供了平台。如果说早期个体化脱嵌导致了乡土公共性的消解，那么，通过村务微信群这一数字媒介实现个体再嵌入和社会关系再联结，为乡土公共性再生产提供了新的载体。有研究者从结构、表征、互动三个维度对网络公共空间展开研究，认为移动网络使村庄不同群体构建了"媒介化合作网络"，实现了多元主体的"共同在场"，生成乡村"内生性"社区新闻与舆论话语，再造了乡村公共生活并强化了网络和现实层面的社会关联。网络公共空间从"共同在场""公共精神""公共交往"三个层面重建了乡土公共性，而移动网络发挥了"媒介连接""再造舆论"和"促进行动"的作用。[2] 以数字技术为基础的网络媒介使分散在不同时空中的个体实现了"共同在场"，密切了个体间的社会联系和交往，村民在网络公共空间可以自由表达、讨论，在乡村社会动员和整合下参与乡村公共事务，从而促进公共行动。因此，数字媒介为处于不同空间场域的村民参与乡村公共事务提供了平台和机制，拓展了民间意志的表达路径，丰富了乡村社会的自治实践，再生产了乡土公共性。

乡土公共性的衰落与重构推动了乡村社会治理从单向度治理模式向互动

① 阎云翔. 中国社会的个体化 [M]. 陆洋，等，译，上海：上海译文出版社，2016：342.
② 牛耀红. 网络公共空间与乡土公共性重建 [D]. 南京：南京师范大学，2018.

治理模式的转型，移动媒介再生产乡土公共性体现了沟通、传递和整合的互动治理逻辑，是国家力量与乡村自治联动的有效路径。一方面，数字媒介实现了村民跨时空的"共同在场"，强化了村民的社会关联与村庄共同体意识，促进了人们的社会交往与公共行动；另一方面，数字媒介作为互动治理的重要平台，实现了国家意志与乡村社会诉求的有效对接。移动媒介在乡村社会的发展为村庄开展公共事务协商与讨论提供了重要场域，由于具有共同的利益基础，村民在微信群、网络公共空间不断达成共识、凝聚公共意志，私域与公域的联结在网络空间得以实现。

（二）媒介的角色转变与乡村社会治理脱域

在乡村社会的治理场域内，传统媒介不仅具有信息传播的功能，还是国家意志下沉乡村社会的治理工具。随着乡村社会结构转型和人口的大量外流，乡土公共性日渐式微，传统媒介所具有的权威性不断衰弱，所承载的信息传播和社会动员功能也日趋消解。乡村社会现代化、城镇化进程所带来的公共性危机使得传统媒介对"脱域"治理表现出低效性和无力感。

中国传统乡村社会是血缘关系与地缘关系结合的人情社会，人们的生活与土地紧密相连，具有相对稳定和不流动的特点。新中国成立后，广播基本都是国家整合乡村社会的主要手段，"村村通广播"使党和国家的方针政策信息能顺畅地输入乡村社会，广播成为乡村社会一种极具传播力和渗透力的政治媒介，发挥着宣传鼓动、组织动员、社会控制等多方面的政治作用。到改革开放以后，村庄被作为一个完整的生产、生活单位纳入国家治理体系，随着广播电视业的发展，电视在政策宣传上的重要作用不断凸显，并逐渐取代广播成为国家在乡村进行政策宣传的主要手段。这一时期，广播和电视在政策宣传上都扮演着重要的角色，其空间覆盖的广度和社会嵌入的深度都表明，广播、电视等作为传播媒介根植于国家权力体系并建立起一套政治宣传和政策传播的话语体系，是扎根乡村的适宜媒介。

在乡村基于血缘与地缘关系形成的社交网络中，存在着一种根深蒂固的"传统乡村社会内生公共性"，亦即一种在场互动的社会关系、交往方式和公共舆论场，这不仅是多元主体走向协同治村、合力并进的基础，而且是维持乡村社会内在秩序的根基。同时，国家意志以广播等传统媒介为载体，以自上而下的垂直方式实现对乡村社会的强力渗透，对村民进行广泛的组织和社会动员。不论是从政权建设的角度还是从权力的角度，媒介与国家权力紧密勾连在一起。

英国学者安东尼·吉登斯在分析现代性动力机制生成原因时，提出了时空"分离"，以及"在场""脱域"等空间理论，这为理解乡村社会治理提供了分析思路。现代性的降临，通过对"缺场"的各种其他要素的孕育，日益把空间从地点分离了出来，从位置上看，远离了任何给定的面对面的互动情势。①吉登斯认为，时空分离为脱域创造了条件，脱域是指"社会关系从彼此互动的地域性关联中，从通过对不确定实践的无限穿越而被重构的关联中脱离出来"。②在工业化、城镇化进程不断推进的背景下，乡村人口大量外流，乡村社会结构与治理体系发生了根本性变化，乡村社会以内生公共性为基础的原有治理模式已难以适应流动性不断增强的现实，乡村青壮年劳动力大量外流导致村庄人口结构严重失衡、基层组织涣散和基层治理松散无力。许多常年在外务工的村民与家庭、宗族及村庄的联系松散，进一步加剧了村民与村庄共同体的割裂，乡土公共性所承载的社会动员及整合功能不断消退。乡村人口外流使广播、电视等传统媒介的信息传播力被大大削弱。在外村民对村庄公共事务表现出漠不关心的状态。当扎根乡村的传统媒介难以对外流村民发挥作用时，其治理效能便无从谈起。从笔者对乡村的调研来看，由于自上而下的政策信息传达与自下而上的民意反馈缺乏有效的沟通渠道，导致村民之间难以达成共识，村民与村庄、村干部之间的关系不断疏远，从而导致乡村社会出现治理性危机。因此，乡村

---

① 吉登斯. 现代性的后果 [M]. 田禾，译，南京：译林出版社，2011：16.

② 吉登斯. 现代性的后果 [M]. 田禾，译，南京：译林出版社，2011：18.

人口的外流消解了乡土公共性。这种消解是一种从外到内的过程，一方面外流村民的主体性消解，逐渐失去对乡村社会治理的主动性和积极性；另一方面村庄内部老龄化趋势不断加剧，这部分群体对参与公共事务有心无力。随着村民集体认同感和归属感的不断淡化，集体行动能力进一步降低，乡村自治逐渐处于"流于形式"的状态。

（三）网络公共空间中的公共性再生产

乡土公共性危机引发的一系列治理问题，亟待通过新的治理模式和整合工具推动公共性再生产予以解决。随着数字技术和网络深度嵌入乡村社会中，以微信为代表的数字媒介的发展为基层治理创新提供了社会基础，也为乡土公共性再生产提供了新的公共空间。微信群使村民实现了"共同在场"，数字化交往过程塑造了虚拟的社会网络，通过网络公共空间，乡村社会得以达成集体共识并形成对权力的监督与约束，并促成乡村公共舆论的形成，从而再生产了乡土公共性。

1. 再造社会联结：线上"共同在场"

在移动传播时代，数字技术和移动互联网的普及和发展，使处于不同时空的离散的原子化村民实现了虚拟的"共同在场"。乡村人口大量外流和时空隔离使原有的以人际交往为主的社交方式难以为继，但大多数外流村民与村庄的土地权属关系和乡土人情关系依然存在，需要重新密切与乡村社会的联结。网络公共空间将离散化的村民重新聚合，社交媒体成为村民日常交往、沟通和传播公共信息的重要载体，突破了传统的人际交往的时空局限，增进了村民之间以及村民与村庄之间的社会关联。

2. 数字化交往的公共性再生产机制：关系重构、利益联结与公共参与

乡土公共空间是乡土公共性形成和存在的基础，也是实现乡土公共性的公共场域。移动互联网将"脱嵌"的村民重新融入乡村公共生活，共同参与村庄公共事务。移动传播成为广大乡村地区公共信息传播的新方式，为村民的自

由表达和交流提供了平台，密切了乡村个体之间以及个体与村庄共同体之间的联系，重构了乡村社会关联。乡村社会因为网络公共空间这个公共性中介重新凝聚，并促进了公共意识的形成与社区集体行动。

（1）传播公共信息，夯实公共性再生产的基础。移动传播形塑了乡村公共事务传播的新模式，网络和智能手机等在乡村的普及，使短视频、微信等自媒体形式成为新乡村社会信息传播的普遍形态。离散的、受时空限制的公共信息通过数字媒介集中、及时、广泛地传播，连接了村庄与外部世界，也勾连了村庄内部，使人们的信息接收和反馈即时、迅捷。这种公共事务传播触角的延伸使乡村逐渐消解的公共性得以修复和重建。2020年在疫情防控时期，笔者在湖南和江西等省的线上调查发现，除个别传统村落外，绝大多数自然村的疫情防控信息、疫苗接种情况和村民外出务工地点等，均是通过村务微信群进行发布，而村民了解疫情相关信息的本能反应也是打开微信群查看。乡村公共事务传播实现了线下向线上转移，微信群成为乡村公共信息的重要聚集地，村民通过这一平台重新嵌入了乡村公共生活。移动传播密切了离散、空心化的乡村个体与村庄、外部世界的联系，重新激活了乡村社会交往与互动，夯实了乡土公共性再生产的基础。

（2）促进公共交往，重构公共性再生产的内核。关系联结作为乡土公共性再生产的核心要素，其本质要求就是构建个体之间、个体与集体之间的互动关系。乡村青壮年人口大规模外流，使乡村社会的人气大为衰减，过去互帮互助的邻里关系不断淡化，原本的"熟人社会"逐渐变成了无主体的"熟人社会"。以村务微信群为代表的移动媒介的出现，则为乡村社会提供了新的公共交往方式。虽然村民在公共交往中有相当一部分内容是生活琐事，但村民间的情感联络在这种日常交往中得以深化、拓展。此外，移动传播还可实现跨区域信息传播，使村庄与外部世界的信息沟通越来越方便、迅捷。比如，村民可以在村务微信群里响应公共事务话题，在互动交流中增进彼此联系，这也强化了村民的共同体意识。在网络公共空间中的公共交往，也会拓展和增进现实中的人际关系互动，增强村民的集体归属感和认同感。

（3）激活公共舆论，提升公共性再生产的动力。公共议题的讨论是乡土公共性的内在价值取向，也是乡土公共性的内生动力源，其作用在于规范村民行为、监督公权力、维持乡村社会秩序。多元主体的线上交流与互动使得村民围绕村庄共同体利益形成了共同关注，公共利益得以整合。利用村务微信群这一线上交流平台，通过网络动员，组织引导村民参与公共环境整治，进而促成"共同行动"。这种公共舆论不仅彰显了村民参与公共事务的积极性，更深层次地体现了村民对村庄共同体建设的认同感。值得注意的是，村民在微信群的讨论并非仅限于村庄的公共议题，还涉及村民之间的个人利益冲突或私人恩怨，村干部也能在微信群及时了解事情缘由并进行干预，避免事态进一步扩大。由此可见，基于微信等社交媒体所构建的网络公共空间，使村民实现了跨时空的"共同在场"，并在网络公共空间形成公共舆论，强化了村民共同体意识，激发了村民参与公共事务的主动性。

（四）数字赋能与乡村互动治理

市场化、工业化向乡村社会的深度渗透，加速了乡村人口向城市的流动，传统的村落逐渐出现"离散化""空心化"倾向，随着现代化进程在乡村的加速推进，进一步加剧了这一趋势。传统村庄共同体面临解体，村民的归属感、认同感逐渐减弱，村庄治理面临严峻挑战。与此同时，乡村主流媒体的传播方式逐渐从传统的电视媒体向移动终端转变，智能手机与移动互联网的普及使乡村的信息获取方式发生了重大变革，越来越多的村民借助移动设备获取信息，信息传播速度和传播范围极大拓展，移动传播深刻改变了乡村的内容生产和消费习惯，开启了乡村社会的移动传播时代。

1. 村务微信群

村务微信群是村庄内部用于沟通交流、信息共享、讨论村庄公共事务的社交平台，通过这个平台，村民可以及时了解村庄最新动态，参与村务管理，提出建议和意见。数字赋能乡村治理，借助村务微信群这一新兴工具，有效促进了村民在乡土公共空间权力关系网络中的话语权回归，保障了村民的参与权、知情权和监督权，推动了乡村社会互动治理的形成。村务微信群为村民提供了开放平等的发声渠道，通过网络公共空间将外流村民和在村村民重新聚合，重建了村庄内部的"强连接"，实现了主体的"共同在场"。数字赋能乡村治理，将"原子化""碎片化"的村民联结起来，突破了村民"政治冷漠"的结构性困局，发挥了村民在乡村社会治理中的主体作用。村民在村务微信平台进行沟通交流、信息分享、达成共识，构建了一个稳定的内部虚拟社区，乡土公共空间也实现了从现实空间向网络虚拟空间的转变，促进了村级组织与村民之间良性互动关系的回归，推动了公共行动和乡村善治的实现。

2、乡土短视频

村务微信群的建立将村庄的现实公共空间转移到了网络虚拟社区，改变了村民的交流方式，提升了处理村庄事务的透明度和效率。短视频的兴起则为村民提供了一个更为开放和自由的自我表达平台，标志着话语权逐渐从传统的精英阶层向更广泛的底层民众转移。村民的主体性得到了前所未有的释放，他们通过短视频分享乡村生活、传统文化和乡村发展，成为乡村叙事的主体。

短视频的兴起为村民提供了表达自我、展现真实生活的平台，乡村群体从"沉默的他者"转变为主动表达的"自我言说者"，实现了从边缘到中心的转变。短视频的普及给人们带来了审视乡村社会生活的全新视角，在记录和展示乡村日常生活、塑造乡村形象的同时，也构建了讨论乡村公共议题的公共领域。众多乡土短视频创作者聚焦新农村的面貌，以乡村的真实面貌为蓝本，通过"第一人称"的视角呈现乡村文化建设、环境治理、精准扶贫、民俗文化传承、留守老人与儿童等主题内容，揭示了乡村社会面临的困境与希望，引发了公众的共鸣与思考。然而，数字时代的新媒体手段能否有效激活乡村的公共文化生态，仍值得深思。一方面，短视频平台上的内容纷繁复杂，并非所有内容都能真实反映乡村的实际情况。同时，由于平台算法的驱动，更具商业价值的内容往往更容易获得曝光和流量，而真实反映乡村困境的内容可能被边缘化。另一方面，乡土短视频用户也可能面临技术门槛、语言障碍等问题，这在一定程度上限制了他们的表达能力和参与度。数字时代的移动传播能否真正重启乡土公共文化生活，这是一个复杂的问题。新媒体手段为传播乡土文化提供了新的可能，但要实现乡土公共文化生活的全面复兴，还需要政府、社会、文化组织等多元主体的共同努力。可以肯定的是，数字赋能乡村社会，有助于实现村民的自我表达和身份认同，为乡村发展和文化交流提供了新的机遇，对推动乡村振兴具有积极意义。

3. 数字赋能乡村治理的反思

移动传播时代，数字赋能乡村治理的积极效应是主流，但也应看到在乡村治理过程中出现的问题，数字赋能对乡村治理产生的消极负面影响。

一方面，数字赋能乡村治理，为再造乡土公共性提供了新的空间和形态，为乡村治理带来了新的活力。技术支持下的数字赋权消解了传统意义上政府控制文化资源的权威性，村民的文化生活不再是统一安排、被动接受的消极样态，而是一种积极的自我选择和自我建构的过程。[①] 数字赋能下的村务微信群为乡村治理带来了新的活力和可能性，村民能够更加便捷地获取信息、交流意见和参与决策，成为乡村公共生活的积极参与者，从而实现了多元主体的有效互动和共同治理。通过微信群等社交媒体平台，乡村公共事务的信息更加透明，沟通渠道大大拓宽，形成了多元主体参与公共事务的共治局面，提升了乡村治理的整体效能。数字赋能背景下，村务微信群构建起一个全新的协同治理体系，村务微信群演变成了一个"三维融合"的在线治理平台，将村干部、在村村民以及外来村民紧密地联系在一起。基于公共性再生产建构的互动治理模式对乡村社会产生了深远影响，它通过信息技术手段革新改变了传统社会对话协商的

---

① 刘天元，王志章. 稀缺、数字赋权与农村文化生活新秩序：基于农民热衷观看短视频的田野调查 [J]. 中国农村观察，2021（3）：114-127.

框架，通过线上平台、社交媒体等工具实现了村民的"共同在场"与"协同行动"，形成了相对规范的村民自治实践体系，有助于提升村庄治理效能。

另一方面，数字赋能乡村治理也带来了一些负面影响，主要表现在以下五方面：一是数字技术在乡村的普及和应用存在差异，甚至在不同地区之间的差异会十分突出，这可能导致乡村地区在数字治理方面的差距进一步扩大，加剧乡村数字鸿沟现象。二是过度依赖数字技术可能导致乡村治理过程中出现对技术的"过度依赖症"，人的作用被忽视，技术的地位得以凸显，一旦技术出现故障或问题，可能对乡村治理产生负面影响。三是数字赋能乡村治理可能加剧社会排斥现象和抵触情绪，部分不具备数字技能的老年群体、文化程度较低的村民等，可能因为无法适应数字化治理模式而感到被排斥，数字赋能乡村治理带来的治理方式变革可能引起部分村民的不适应和抵触，从而影响治理效果。四是数字治理可能与乡村地区的传统文化和习俗产生冲突，从而影响村民的接受度和治理效果。五是数字赋权可能导致村民出现手机依赖、网络成瘾等问题，不仅影响村民的身体健康，加剧村民的孤独感和空虚感，也容易造成家庭关系疏离，引发家庭矛盾，从而增加乡村治理的成本和难度。

数字赋能乡土公共性再生产和社会治理，打破了传统的时空限制，实现了村民间的"即时互动"，深化了村民对公共事务的理解和关注，极大地拓宽了公共事务的参与渠道，夯实了公共性再生产的基础。村务微信群等数字平台的普及密切了村民的社会交往，增进了村民间的社会关联，个体与村庄、私人领域与公共领域之间的界限逐渐模糊，乡村生活与外部世界的联系日益紧密，构建了一个更加和谐、包容的乡村社会。总之，乡土公共性再生产的深远意义，不仅在于利用数字平台重塑逐渐松散的村庄共同体，更在于通过强化和提升公共性，为共建共治共享的乡村治理格局的形成和全面推动乡村振兴战略奠定了坚实的社会基础。

第二节 乡土公共性的演变历程

在利益分化、规则多元的现代社会，公共性对于整合不同社会阶层、凝聚社会力量和达成社会共识具有重要意义。乡土公共性的历史流变，是乡村内部社会结构、市场经济和公权力在乡村社会场域交融、互作的结果，由此共同推进乡土公共性的变迁。随着乡村社会转型与历史潮流的巨变，乡土公共精神日趋消解。梳理乡土公共性的变迁，有必要先捋顺中国乡村社会变迁的历史脉络。

传统时期，中国农民是典型的原子化小农，活动范围局限于村庄周边区域，因而传统乡村社会具有很强的双向封闭性，这种封闭性表现在生产、生活各个方面。一方面这种封闭性自发产生于乡村社会成员之中，具有内敛性；另一方面这种封闭又是排外的，乡村外来事物对现有平衡和传统的威胁，以及其不确定性所带来的风险，促使村庄内的人们表现出高度一致的排外。正如费孝通对中国乡村"熟人社会"所描述的那样，这种熟悉是从时间里、多方面、经常的接触中所发生的亲密的感觉[1]，由此乡村社会成为一种自然地甚至本能地遵从礼俗规矩的社会，"乡村社会在地方性的限制下成了生于斯、死于斯的社会"[2]。正因如此，乡村社会的行为逻辑往往偏袒熟人和本地人，而对其他人的利益选择性漠视，这种现象无论在传统社会还是在个体化进程中，都表现得尤为突出。

人民公社时期，农民在国家权力系统的有意安排下进入公社成为集体化小农，活动地域被牢牢束缚于公社。改革开放后农民市场化浪潮的洗礼中成为社会化小农，活动地域不断向周边扩散。在城镇化的持续推动下，乡村社会的人们有了更多接触新鲜事物、进入城市的机会，活动区域进一步扩大。某种意义上，乡村社会的实质就是农民行为的集合，农民的群体生存状态构成多元的

---

① 费孝通. 乡土中国 [M]. 北京：人民出版社，2008：9.
② 同①.

乡村社会。随着现代国家力量对乡村社会的整合，乡村社会发生了根本性变化，乡土公共性的历史变迁与中国乡村社会的历史变迁相伴相生，中国乡村社会变迁的大致脉络是：农民活动地域范围的变化使乡村由封闭变得开放，农民自身特点的变化使乡村由礼俗社会走向理性社会。具体而言，在原子化小农时期，乡村社会是封闭的家族关联式人情社会；在集体化小农时期，乡村社会是全能控制的行政关联式政治社会；在社会化小农时期，乡村社会成为开放的个体化理性社会。

对公共性的理解，从宏观上看，是能够动员社会全体成员参与公共事务的组织性力量，本质上是超越个体和家庭层面的存在，具有权力的凝聚和权威的认同双重属性。就微观层面而言，公共性意味着个体在追求利益、自由与独立权利的过程中，必须考虑相应的义务与责任，不能置相关的他人、群体乃至整个社会于不顾。个体无法改变是社会个体的属性，因此，个体应有将自己的追求与公共生活、社会整体利益联系在一起的自觉意识，主动融入社会公共生活，在与他人的交流与互动中达成妥协，形成公共规则并作为个体的行为准则，才能达成"公"与"私"的平衡，乡土公共性建构才能得以实现。

吴理财将乡土公共性的历史变迁分为传统时期、集体化时期和个体化时期三个阶段，并对这一过程中公共性的生长背景与特征进行了纵向考察，勾勒出乡土公共性生长与国家权力介入之间的关系。[1] 他认为乡土公共性在不同历史时期有不同特点，从传统时期的家族关联式公共性到集体化时期的行政关联式公共性，再到个体化时期公共性逐渐消解，公共性的形成及特点不仅与村庄内部社会结构、权力结构有关，也与外部国家权力介入程度、权力介入方式有密切关系。[2] 乡土公共性消解与国家权力在乡村社会的退出密切相关，通过梳理乡土公共性的变迁过程，能为平衡与协调国家权力在乡村社会的介入方式与

---

[1] 吴理财. 公共性的消解与重建 [M]. 北京：知识产权出版社，2014：224-231.

[2] 吴理财. 公共性的消解与重建 [M]. 北京：知识产权出版社，2014：222.

程度提供借鉴，也对促进乡土公共性的合理生长有一定启发意义。

一、传统时期的家族关联式公共性

传统时期，农民在土地上很少流动，乡村社会是他们生死守望的故土。而且传统时期"皇权止于县"，国家权力很难延伸到地域辽阔、差别各异的乡村社会。村民对国家的概念十分模糊，这就为乡村社会自治提供了空间与可能，而且这种行政权与自治权的有效结合的一体性秩序维持了长达两千年的时间。因此，家族通过血缘、地缘等要素将村民凝聚在一起，维系着乡村社会的团结性与内聚力。国家权力如果要实现对乡村社会的整合，就必须借助村庄强势的家族和宗族。与之对应的是族权也会通过与国家意志保持一致以获得权力系统的认可，以此增强其对成员治理的权威与合法性。因此，尽管国家权力没有直接入场，但却通过族权实现了乡村自治，家族关联式公共性整合了乡村。

传统时期，村庄的公共交往、公共规则、公共服务、公共精神均基于家族形成。比如，传统时期村民之间的换工、帮工、人情往来等公共交往形式，往往发生在家族内部，祭祀活动、红白喜事以及其他经济合作方式也均具有较强的家族属性。家族以族产、祠堂为物质基础开展公益事业，为成员提供救济、帮扶、婚丧、娱乐、防卫、耕作等"公共服务"，从而增强了族员对于家族的归属感与依附感。[1] 尤其是在"法律不下乡"的"礼治时代"，家法族规是乡村社会的重要公共规则，是维系乡村秩序和整合乡村社会的重要因素。家法族规对于规约村民行为、调解纠纷协调矛盾、加强村民之间团结合作、增强家族内部凝聚力起到了重要作用。[2] 因而，乡村社会中的责任感和义务感也是一种家族式的"公共精神"，强调家族利益高于个体利益，增强了家族成员的团结意识和家族凝聚力。

家族关联式公共性的生长与国家权力止于县政密切相关，国家显性权力

---

① 吴理财. 公共性的消解与重建 [M]. 北京：知识产权出版社，2014：219-220.
② 同②.

与乡村社会的不在场为乡村自治提供了广阔空间，并在漫长历史发展过程中逐步形成了家族公共性。这种公共性更多是基于乡村社会自然生长、发育的结果，但同时是国家权力有意为之、因势利导的结果。家族关联式公共性具有较强的封闭性和礼俗性，因此公共规则、公共精神也就具有竞争性和排斥性。这种公共性很难从家族范围拓展到村庄范围，不利于超越家族范围的乡村社会整合。因此，传统时期，尽管国家权力没有植入乡村社会，但却通过族权、家规等实现了乡村自治，这为家族关联式公共性成长提供了土壤。

二、集体化时期的行政关联式公共性

家族关联式公共性适应的是当时的国家治理体制，并构建了传统时期中国乡土公共性形态，新中国成立后，国家权力不断向基层社会渗透。人民公社时期，国家力量对农村进行了全面控制。人民公社制度的建立，把农民的私人生活和公共生活几乎完全纳入了国家体系之中，对乡村社会结构产生了深刻影响，以血缘关系、地缘关系为基础的家族组织被摧毁，宗族影响力日趋衰弱，进而失去了对乡村社会的整合能力。

行政关联式公共性取代家族关联式公共性，与国家权力对乡村社会的强大渗透紧密相关。这种公共性主要是国家权力系统将个体从家族、家庭中解放出来直接面对国家，以运动式治理所建构。通过这种方式，村庄建构起强大的公共性，但这种公共性是通过自上而下的行政方式体现的，具有强制性而缺乏内生性和自发性。集体化时期的人民公社掌握着农民生产、生活所必需的资源，并以此支配社员的生产活动和日常生活，在这种情况下，农民与政治之间建立起了一种畸形的空前亲密联系，行政关系取代血缘、地缘成为主导，乡村社会被彻底政治化。行政关联式公共性只强调公社将农民组织起来直面国家，却忽略了公社之间的横向联系，这种垂直权力结构虽然能够强化国家对公社的纵向权力，却消解了公社之间的横向互动，难以将各个公社有机整合起来形成合力。这种通过国家权力强制整合产生的公共性，建立在摧毁乡村传统的家族结构和社会文化权力网络的基础上，注定无法使农民产生心理认同与归属感，而乡村社会政治化、行政化的最终结果是国家实现了对农民几乎全能的控制。

从家族共同体之中脱嵌出来的原子化个体被强大的国家权力通过人民公社体制网罗到行政化组织中并最终在村庄建构起行政关联式公共性，这是一种与家族关联式公共性差别巨大的公共性形态。[①] 基于行政权力的社会整合使得个体行为均处于"全能主义"国家的控制之下，因此行政关联式公共性具有极强的政治性。从公共交往看，策划并执行了广泛的生产协作、意识形态教育、宣传集会以及政治色彩浓厚的文化娱乐活动等，极大地促进了村民频繁的互动和合作交流。从公共服务的角度看，人民公社虽然全面主导了社员的生产、生活和娱乐等活动，但同时以集体供给的方式为全体社员构建了医疗、教育及文化等多方面的公共服务体系，社员在生产、生活中遭遇的任何难题都可以求助公社。由此，农民的归属感从传统时期的家族观念扩展到更为广泛的集体化时代的公社之中。从公共规则看，行政性规范逐渐取代了家族内部的传统规范。家法族规是传统乡村社会中家族内部用以规范成员行为的一套规则，主要依靠家族内部的权威和道德约束力来维持。而行政性规则是由国家制定和实施的一套行为原则，旨在确保国家机器的正常运行和社会秩序的稳定。从公共精神层面看，集体主义取代个人主义，"为人民服务"的政治动员使得村民对集体产生了强烈认同，有效抑制了集体化小农意识的滋长。

三、个体化进程中的公共性消解

行政关联式公共性建立在国家权力强大渗透和乡村社会力量相对弱小的基础之上，这类公共性无法持久，人民公社解体，行政关联式公共性退出了历史舞台。改革开放后，随着乡村经济体制改革和"政社分开"的确立，国家权力逐步从乡村社会退出，村民自治制度取代了人民公社模式，重构了国家与乡

---

① 张良. 村庄公共性生长与国家权力介入 [J]. 中国农业大学学报（社会科学版），2014，31（1）：24-32.

村社会的关系，农民主体性的确立和乡村社会力量的发展壮大，宣告了行政关联式公共性的解体。

人民公社解体后，国家在乡村社会实行村民自治，村民自治制度是一种农民在基层社会生活中依法行使自治权、实行自我管理的群众自治制度，取代国家权力为村庄提供公共服务和公共管理。然而，由于缺乏自治传统和市民社会力量弱小，村委会很大程度上沦为了在基层执行国家行政性任务的抓手。不过，村委会承担的基层收税以及执行计划生育的任务却连接了国家权力与乡村社会。到20世纪90年代后期，农民负担不断加重，干群关系日益紧张，农民对基层政权认同日趋衰减，乡村社会出现了治理性危机。为了有效应对这种危机，国家在世纪之交开启了税费改革——取消农业税，乡村基层政府与村民间最后连接也随之被切断，基层政府组织无法对农民形成有效的整合与动员，而乡村社会也越来越缺少权威性认同和凝聚性力量。农民继脱离家族宗族、人民公社后，再次从乡镇政府、集体经济中逃离，我国乡村社会进入了个体化时期，农民的个体意识和权利意识不断增长乃至膨胀，乡村社会日益成为薄情重利的理性社会。

行政强制关联公共性因人民公社体制解体而随之消失，家族关联式公共性早因集体化时代国家权力入侵而分崩离析。当前村庄内生的整合力量与组织权威短时间无法自发形成，乡土公共性趋于解体。[①] 公共性解体对村庄公共生活产生了深刻影响，主要表现在以下方面：

（1）公共文化的衰弱，许多乡村地区的公共文化场地因公共文化活动减少而衰败，曾经司空见惯的三五成群地聊天、家长里短式的闲谈、评头品足的议论等乡村人际交流活动，逐渐被电视、上网等私性文化生活所取代，村庄公共舆论很难形成或即便形成也难以像传统社会那样发挥强大作用。

（2）公共规则的解体，公共交往减少和公共空间萎缩，使公共舆论没有

---

① 吴理财. 公共性的消解与重建 [M]. 北京：知识产权出版社，2014：228.

产生的土壤而日益沉默。地方性的道德规范对村民个体的约束与制约作用越来越少，传统的帮工、换工等行为基本被货币化，红白喜事等人情往来异化为敛财手段，乡村的村规民约、公共舆论等对村民行为的制约能力被不断削弱。市场化裹挟下的重利思想和享乐主义，最终发展为极端的个人主义，村民的是非标准越发模糊，村庄公共规则趋于解体。

（3）公共精神缺失。乡土公共精神的衰败和价值信仰的缺失，主要表现为农民坚定的价值信仰不再，对公共规则的敬畏消失不见，他们对村庄公共事务的冷漠，成为公共精神衰落的现实注脚。公共性是乡村社会整合的关键因素。如果乡村社会一盘散沙，公共事务无人问津，乡村必将陷入治理性危机，因此，重建乡土公共性是当前我国乡村社会亟待解决的现实问题。

（4）公共服务缺位。一方面国家权力不再像人民公社时期那样为村庄提供公共服务和经济支持，甚至有时国家为农民提供公共服务绕过村集体组织直接面对农户，从而架空了村集体。另一方面村集体也没有探索出为乡村社会提供公共服务的有效途径，能够直接提供给农民的公共服务不断减少。

第三节 传媒变迁与乡土公共性

从根本上说，国家力量、市场经济、社会结构等因素的影响及其变化是中国乡土公共性产生与历史演变的主要根源，但传媒变革与乡土公共性有着紧密的内在关联，某种程度上，传媒及传媒改革是当代乡土公共性产生的主要推力之一。我国的传媒变革与经济改革是同时进行的，经济改革是传媒市场化转型的根本推动力。经过改革开放40多年的改革与发展，中国传媒产业的市场化水平得到极大提升，传媒体制及管理方式也发生了相应变化，传媒业态更新迭代快速而频繁，正是在这种背景下，中国乡土公共性的衰落与重构成为社会关注的焦点。

一、传统时期的媒介与乡土公共性

对传统中国社会结构的描述最有代表性的是梁漱溟的"伦理本位"和费孝通的"差序格局"。"伦理本位"实质是关系本位，关注的是人与人之间的相互关系，而忽视社会与个人相互间的关系，农民的行为逻辑就是家庭伦理的逻辑。"差序格局"是以"己"为中心的传统乡村社会结构，自我主义是传统乡村社会农民的行为逻辑。梁漱溟和费孝通对传统中国社会结构的描述或想象是不同的，伦理本位的社会结构"互以对方为重"，"差序格局"的社会以'己'为中心，但无论是何种社会结构构型，传媒对乡土公共性的影响力都相对较弱。

贺雪峰认为，在讨论中国传统社会农民的行为逻辑时，应认识到当时的"国家权力无法直达乡村社会"这一重要历史条件，如果抛弃这一历史条件是难以站住脚的。"在不同的乡村社会，或同一社会的不同时期，却可能会有不同的层级被作为主导的基本认同和行动单位，这个层级成为当地农民首要的认同单位，并因此成为决定该地村治特征的主导要素和决定农民行为逻辑的主导力量。"①

二、集体化时期的媒介与农民行为逻辑

新中国成立后，土地改革虽确立了国家政权与农民的直接沟通关系，但彼时的农民只注重自家的利益。农民这种自我主义的观念与当时的国家建设要求格格不入，"只有实行集体化才能实现为工业化提供资金所必需的农业增产。这项工作要通过宣传、实践以及逐步增加的压力，来引导私有观念根深蒂固的农民'不知不觉地'成为'一个社会主义者'"。② 这从当时各类媒体对这项工作的宣传口号可窥见一斑：

---

① 贺雪峰.公私观念与中国农民的双层认同：试论中国传统社会农民的行动逻辑 [J] 天津社会科学，2006（1）：56-60.

② 费正清.美国与中国：第四版 [M].张理京，译.北京：世界知识出版社，1999：357.

1953年，"总路线是照耀我们各项工作的灯塔"。

1955年，"走合作化道路"。

1956年，"百花齐放，百家争鸣"。

1958年，"人民公社好"。

1964年，"工业学大庆，农业学大寨"。

1964年，"备战备荒为人民"。

随着集体化的急剧推进，高度集中的人民公社体制最终在中国乡村社会建立起来，分散的小农被纳入一个"国家覆盖社会"的政治一体化体系之中。彼时，国家权力几乎可以触及乡村社会的每一个角落，甚至直达人们的灵魂深处。这一时期，农民的行为逻辑必然得由国家和由国家建构的"集体"所塑造，也深深地打上了传媒宣传的烙印。

这种乡土公共性建立在自上而下的强制力量之上，在传媒宣传的集体主义颂歌中，农民的自由和权利被忽视或完全不予考虑。"公社对集体主义的提倡并不停留于口头的宣传，也不只是对个别先进农民的要求，而是落实到每一个普通农民的日常生产、生活中去。"[①]因此这个时期一切有关"私"的思想、观念与行为，都会遭到打压或被完全否定，在媒介的呈现和叙事中，农民的行为会表现"公"的特性，但私下里仍然延续着传统的行事风格。农民的"私"观念往往是在"公"意识的掩盖之下而真实的存在，媒介描述下的公开文本与农民实践中的个体主义逻辑之间形成的反差，正是农民"公"的行为逻辑表达与"私"的行为实践之间相背离的现实投射。

三、个体化进程中的乡土公共性衰落

改革开放以后，农民逐渐从集体中脱离出来，可以自由地流动、外出务工，摆脱了对集体的组织依附。与此同时，国家也从乡村社会选择性隐退，在客观

---

① 邱梦华.中国农民公私观念的变迁：基于农民合作的视角 [J].内蒙古社会科学（汉文版），2008，29（6）：137-141.

上为乡村社会发展提供一定的空间，中国乡村社会进入个体化时代。

（一）公共文化的衰落

公共文化是在农村特有的生产生活环境下形成的、农民参与的、具有乡土性质的文化娱乐活动形式。[①] 公共文化的突出特征在于其"公共性"，随着城镇化进程不断推进和人口快速流动，乡村曾经的"熟人社会"日益趋向"半熟人社会"。乡村社会的私域文化生活仍保持着一定的多样性，但公共文化生活却日趋贫乏。村民之间的合作与联系越来越少，整个乡村社会疏离化、原子化趋势日渐明显，随着村庄共同体的日趋衰弱，村庄公共性道德规范也在日渐解体。乡土公共文化衰弱主要表现在以下三方面：

（1）乡土公共文化活动不断减少。公共性文化活动是村民生产生活性公共空间的重要组成部分，是调节乡村文化生态、进而重塑乡村社会秩序的重要载体。村民通过参与公共文化活动增进了解、联络感情，形成公共性舆论和道德规范。但在当前广大的乡村地区，过去为人们所喜爱的民间戏曲、歌舞、舞龙舞狮等传统民俗文化活动不断没落，祭祀等民间信仰活动对年轻人而言也越来越陌生。

（2）乡土公共文化空间不断衰落。公共文化空间是乡土公共文化活动的物质载体，是村民进行文化活动所必需的场所和设施保障，其数量、内容和形式决定着村民的文化生活质量。但当前许多乡村地区的祠堂、寺庙等活动场所都已破落或消失，而在公共文化服务体系建设中建立的公共文化活动中心、体育设施、活动广场等大多处于闲置状态，并没有真正发挥公共文化服务功能。

（3）乡土公共文化组织乏力。公共文化组织可以实现村民的私人空间与公共空间有效连接，从而提升乡村社会道德水平，培育公共精神。但随着近年来民间公共文化组织的急剧减少，很多乡村地区没有民间性的文化组织。公共文化组织的缺位，使得乡村缺乏一个可以让村民相互交往与互动、沟通与交流

---

① 张良．乡村社会的个体化与公共性建构 [M]．北京：中国社会科学出版社，2017：89.

的公共空间，无法通过与他人的互动交往而不断反省自己的言行、得失。[①] 当乡村社会缺少组织场域中的公共舆论和公共规范的监督与制约时，个人主义就会抬头并不断试探公共道德与规则的底线，乡土公共性道德规范和农民的价值信仰就很难形成。

当传统媒体不断衰落并不断丧失对乡村社会的动员与凝聚力时，以移动传播为典型特征的新媒体迅速崛起并深度嵌入乡村社会，深刻影响了乡土公共空间的发展并唤醒了乡土公共性。移动互联网所营造的虚拟型公共空间搭建起散落在不同空间村民之间的联系，在传承传统乡土文化习俗、营造乡村公共舆论及唤醒乡村社会记忆等方面发挥重要的作用，很大程度上挽救了乡村共同体衰败的境况。[②]

（二）公共道德规范的解体

"道德规范"是为村庄提供的一整套规则体系，使之规范有序，包括公共规则、村规民约、公共舆论、道德规范和行为准则等。在市场化裹挟的个体化进程中，公共规则、村规民约等对村民行为依然发挥着潜在的影响力，但其约束力已经大为弱化，乡村基层组织对村民的动员能力也远不如前。在公共参与方面，利益成为村民公共参与的主要考量。当直接涉及村民实际利益时，村民往往会主动选择参与村庄公共事务，一旦无直接利益关联，就很少主动参与了。部分村民对公共事务的消极态度及村庄公共参与遭遇的困境，使公共舆论、道德规范和行为准则等均失去了应有的号召力，由此，公共道德规范不断被边缘化并趋于解体。对乡村而言，重建乡土公共性需要提供一套能够保障人们生活并使之富有意义的社会秩序，形成界定个人与集体、个人与社会的行为准则并提供道德和伦理的解释，以社会舆论和道德规范为奖惩机制约束村民的

---

① 张良.实体性、规范性、信仰性：农村文化的三维性分析——基于湖北、安徽两省八县（区）的实证研究 [J].中国农村观察，2010（2）：87-96.

② 郭明.虚拟型公共空间与乡村共同体再造 [J].华南农业大学学报（社会科学版），2019，18（6）：130-138.

行为，使之保持在乡村秩序之内。

四、网络媒体时代的乡土公共性扩展

移动传播时代的来临促进了网络公共空间的产生，网络公共空间的兴起为离散的乡村个体走向聚合提供了虚拟条件，强化了参与主体的自主性和批判性，从而强化了社会联结，也预示着乡土公共空间的兴起。乡村共同体中个体之间基于血缘、地缘等关系建立起来的社会联结，是乡土公共性生成与维护的基础，这种联结越牢固，成员之间交往越密切，集体规则对成员所发挥的影响力就越大。在智能手机及其应用广泛普及的网络时代，乡村社会的村级"微信群"、本土微信公众号等以网络为载体的公共空间新形态，替代了传统的村落公共空间，不仅成为村落社会联结、社会秩序再生产的重要场所，而且成为承载与激发村庄公共事务与基层政治生活的新空间，对重构乡土公共性具有深远意义。

（一）网络公共空间实现"共同在场"

在广大的乡村地区，长期以来人口外流使村庄的离散化、空心化趋势不断加剧，村民之间的社会联结不断弱化，从而导致无人关心村庄公共事务，公共舆论难以形成，乡土公共性也面临瓦解。网络公共空间的兴起重新聚合了离散的村民，村庄微信群、本土公众号等新形态建构了新型的网络公共空间，促成了"离乡"与"在乡"村民的虚拟"共同在场"，强化了村民间的社会联结，促进了乡土公共性的重建。

在宣传和贯彻党的路线、方针、政策以及乡村干部选举等事务上，微信群、公众号等新网络公共空间形态均发挥了联结与沟通的重要作用。通过微信群、公众号等平台，不在场村民能够及时了解党的路线、方针、政策和国家法律、法令、法规，及时参与村庄干部任用与选举并掌握相应的进展状况，村庄微信群这种基于熟人社会建立起来的公共空间，更容易强化或重新建立群内成员之间的情感联系，激发村民之间的凝聚力，从而实现不同空间村民的"共同在场"。

传统时期乡土公共性存续的一个重要前提是村民共同在场。网络时代，在流动性、异质化的乡村，网络公共空间通过虚拟空间实现了多元主体的重新聚合，微信群等为所有村民参与村庄公共事务提供了载体，外流村民和在乡村民都可以通过网络公共空间参与村庄公共事务，发表个人意见。以网络为基础的新型公共空间提高了多元主体的活跃度，为重构乡土公共性提供了可能。

（二）网络公共空间强化社会关联

在乡村地区，村民间的闲聊与日常互动是公共交往最原始也最直接的方式。网络在乡村的兴起为村民提供了沟通交流的新平台，村民可以在网络空间里通过语音、视频、评论等多种形式进行互动交流，形成较为稳固的情感联系与社会关联，正是移动互联网弥合了离散化乡村的时空鸿沟，拉近了村民间的距离，从而维护了乡村社会的联结。网络公共空间对乡村社会关系的维系与联结，具体体现在以下两方面：

（1）网络公共空间对乡村社会熟人关系的维护。传统的中国乡村社会是典型的熟人社会，基于地缘、血缘关系建立起来的交际圈子具有很强的稳定性。随着工业化、城镇化进程的推进和移动网络的普及，乡村人口大量外流，在乡人口流动性显著减弱，乡村社会人际交往的形式发生极大变化，传统的串门、家长里短式的闲聊等日常交往形式逐渐消失，村民之间的关系变得冷漠，乡村社会的熟人关系趋于消解。而以微信群为代表的网络公共空间新形态的出现给村民带来了新的互动模式，在多元主体参与的微信群内，村民的谈资涉及国家大事、时政新闻、乡村资讯以及个人感悟等诸多方面，不同的话题内容会引起群内成员的不同反应，无形之中曾经不断淡化的邻里关系得以缓解，相互之间的亲近感进一步增强，离散化的乡村得以重新聚合，熟人社会得以维系。

（2）网络公共空间对乡村互动交往的拓展。在网络公共空间中，乡村村民在日常闲聊的基础上延伸出一系列协调互动与互助行为，且这类行为在乡村社会具有普遍性。传统时期村庄的红白喜事、农忙时节的帮工代工、集体活动、人情往来等村民间的协调互动都较为迟缓，大多数时候只能依靠人际的信息传递，效率低且渠道不畅。村庄微信群的建立让信息沟通更加通畅和高效，村民可以在群里发送消息，群内成员相互协调并作出回应，实际上大部分村民是乐于共享资源的。村民也可以通过在网络公共空间的发言与讨论，对村庄举办的小型集体活动进行规范和监督。此外，村民还可以在群里发布自家的农产品信息，进行经济交易，在增加个人收入的同时，也拓宽了自身的社交范围。

（三）网络公共空间整合舆论与乡土公共性再生产

李普曼指出，公共舆论是指相当数量的公民对某一问题具有共同倾向性的看法或意见。[①]公共舆论作为一种社会意识的特殊表现形式，往往反映着一定阶级、阶层和社会集团的利益与要求。在乡村社会，公共舆论对乡村秩序具有一定的约束与维护作用。网络公共空间的兴起为公共舆论的整合提供了渠道，在以微信群等为代表的网络公共空间里，村民可以自由发表意见、交流看法。公共议题吸引村民参与群内的话语交流，围绕公共事务展开讨论，最终形成舆论合意。不难看出，在这个网络公共空间里，村庄微信群既是村民交流信息、沟通情感的场所，也是乡村社会多元主体讨论村庄公共事务、公共议题，通过互动形成共识的平台。

可见，网络公共空间是生产、整合公共舆论的场域，也是重建乡村秩序的场所，其构建实现了多元主体"共同在场"，社会联结的强化让村民在同一空间内的交流、协作与讨论具有了畅通的渠道，村民在互动中形成了整体意识并最终实现了公共舆论的形成。网络公共空间建构了新型村民参与公共事务的平台和机制，经由传播实现了村民从"共"到"公"的转化，在讨论和行动中拓展了"公"的边界，促进了乡土公共性再生产。[②]

---

① 李普曼 . 公众舆论 [M]. 阎克文，江红，译 . 上海：上海人民出版社，2002：90-99.
② 方晓红，牛耀红 . 网络公共空间与乡土公共性再生产 [J]. 编辑之友，2017（3）：5-12.

第三章　乡土公共文化的衰落与公共性重构

　　乡土文化是乡村社会在漫长的发展进程中不断积淀的村庄的共同历史和公共记忆，传承和保护乡土文化，有利于增强人们对村庄共同体的情感联结和归属感，对乡土公共性的建构具有积极的现实意义。文化治理是国家对乡村进行"软治理"的现代模式，也是解决当下乡村社会一系列问题的重要手段。没有乡村文化的高度自信，没有乡村文化的繁荣发展，就难以实现乡村振兴的伟大使命。

　　改革开放以来，我国乡村私性文化发展迅速，公共文化却日趋衰落。随着城市化进程的加快，传统的乡村社会共同体趋向理性化和原子化，乡村社会群体对文化公共性的认知与接受程度普遍不高，村民赖以生存的公共理念和公共精神则日益式微，乡土公共文化衰落已成为乡村文化的一个鲜明特点，也是当前乡村文化存在的巨大不足。公共性决定了公共文化服务的价值逻辑，构建乡村社会文化的公共性价值，需要国家力量与村民的共同参与，同时要积极寻找多重参与主体，通过构建乡村社会公共文化服务建设的多种价值取向，发挥文化公共性的扩散效用。因此，为了乡土文化的均衡、和谐发展，不但要形塑乡土文化的多元样态，而且要不断丰富乡土文化的价值内涵。

第一节　乡土公共文化的衰落

乡村的"空心化""原子化"现象生动地反映了乡村社会的衰落，随之陷落的还有乡土公共文化，如传统乡村文化中的舞龙舞狮、过年习俗、祭祀仪式等民间大众文化日渐式微。乡土公共文化陷落的根本原因在于乡土公共精神的消退，换言之，农民公共精神的缺失是乡土公共文化衰落的现实逻辑。

如果打个比方，可以把农民的公共精神和乡土公共文化视为建房，农民的公共精神是建筑材料，乡土公共文化形式是物质外壳，公共精神提供的建筑材料及其结构规律，决定了乡土公共文化呈现出何种外在形式。农民公共精神与乡土公共文化形式的共同缺失是乡土公共文化衰落的根源所在。必须指出，中国的公共观念不同于西方的公共观念，我国是"差序格局"社会结构，而西方社会是"团体格局"。正如梁漱溟的农村治理思想中所指出的那样："社会构造不同，生活环境有异，从而形成之情操、习惯自不免两样耳"①。

一、乡土公共文化衰落的根源

传统的乡村社会本性上是一个原生的自然村落共同体，村民在这个共同体内繁衍生息，在日常生活的社会交往与互动中，势必生长出一定的公共性。这种公共性遵循"差序"原则，如同水面漾起的圈圈波纹，先出现在个体家庭内，随后波及宗族群体，再扩展到整个村落。在血缘上，同宗的文化认同强化了族群内的公共观念，并外化为一定的公共文化形式，如宗族的祭祖、修族谱等行为。在地缘上，公共精神以某种类似契约的形式维系并加固着邻里关系，近邻胜远亲就是明证。于是，"差序格局"进一步蔓延至整个村落，村民间频繁的交往与互动形成独有的地方礼仪与习俗，其外化表现为民间灯会、民间戏

---

① 梁漱溟.中国文化要义[M].上海：上海人民出版社，2005：63.

曲等民俗文化与艺术形式。

长期以来，在村落共同体内的村民依靠公共理念维系、支撑乡土公共文化，但随着乡村社会的不断发展，人们的公共理念不断受到侵蚀。土地改革时期政治上的阶级观念严重打击了宗族共同体，划分阶级成分造成整个村落的分裂，村落的公共理念开始出现裂缝。实行改革开放后，乡村人口大量外流，无形中对村落的公共理念产生了巨大冲击。而在整个社会持续转型的大背景下，乡村社会的思想日趋多元化，多元文化不断向乡村渗透并与原有习俗发生激烈交锋，在这种强烈冲击下，乡村社会传统的民俗文化对村民思想、行为的影响力和约束力不断降低。缺乏了文化的统一性、一致性，文化认同开始下降，由此导致乡村社会维系公共理念的纽带进一步松弛。

由此可见，乡村社会公共理念的消解，是社会发展的客观因素和人为因素共同作用的结果。其中，社会发展客观因素所造成的冲击更为强力和持久，因为社会发展的目标是现代化，现代化内在的现代性具有消解传统性和地方性的特性。彰显个性、关注个人是现代性的必然要求，它产生一种与公共理念相抗的力量，这种力量又进一步不断地消解着传统的公共理念，并使个体化与私性逐渐占据了上风。个人主义"在摆脱了传统伦理束缚之后往往表现出一种极端功利化的自我中心取向，在一味伸张个人权利的同时拒绝履行自己的义务，在依靠他人支持的情况下满足自己的物质欲望"。[①] 随着社会的不断发展，乡村社会农民的公共理念在个体化浪潮中不断被蒸发，其影响力和约束力不断下降，传统的公共文化形式也随之不断被削弱和脱落，乡土公共文化日趋衰落。

二、乡土公共文化衰落的多维呈现

（一）公共议题失语

乡土公共文化领域的公共议题指涉的是村民普遍关注的或与村民利益息

---

① 阎云翔.私人生活的变革：一个中国村庄里的爱情、家庭与亲密关系：1949—1999
 [M].龚晓夏，译.上海：上海书店出版社，2006：259.

息相关的热点或重大文化话题，人们针对公共议题表达利益诉求，满足个体文化需要。从价值取向上看，乡土公共空间公共性表现为对公共议题的关注，但在我国广大的乡村地区，乡土公共文化发展陷入了公共议题失语的困境。一方面，乡土公共空间为普通村民参与公共决策和管理提供了机会，有利于推动公共议题的讨论和解决，实现公共利益；另一方面，村民借助乡土公共空间将私人议题转化为公共议题，争取社会关注并借助集体力量加以解决，本质上维护了乡村社会的秩序与稳定。

伴随着乡村社会的日益原子化、市场化，现代的商业文明也被带入乡村地区，商业文明对乡村社会的深入渗透使村民对都市生活充满向往，部分村民对乡土公共空间内的公共议题不再感兴趣，对公共事务漠不关心，与公共文化相关的议题遭受冷遇，反倒是越来越多的个人议题受到村民广泛关注，公共议题的公共性价值越来越模糊或直接被无视。公共议题的失语，不仅意味着村民逐渐从村庄公共事务中退出，也意味着村民对村庄的认同感和归属感在不断降低。

（二）公共空间萎缩

乡土公共空间是村民讨论公共议题、开展公共交往、表达公共意见的现实载体，具有凝聚共识、传承乡土文化等多重功能。在乡村社会的城镇化进程中，乡土公共空间面临着日益萎缩的公共性困境。具体表现在以下几方面：一是传统公共空间不断被挤压，过去举办文化活动、进行文化展演的传统公共空间被压缩，公共空间范围大大缩小；二是乡土公共空间的社会功能日益退化，在乡村社会发展中没有充分发挥其应有的作用，公共空间资源被浪费或闲置。由于乡村社会公共文化资源等的缺乏，许多传统公共空间的文化传承、建设与服务等功能形同虚设，其所承载的社会整合、凝聚共识等社会化功能退化；三是公共空间被私人侵占，进一步加剧了乡村社会资本的流失。部分村民私自占用公共空间或将公共空间私自出售以获取不正当利益，凡此种种违背了公共空间服务于全体村民的本质现象，也严重制约了乡村文化治理中公共性的有效发挥。乡土公共空间的萎缩，加剧了乡土公共文化的衰落，导致集体记忆衰退，并引发了乡村社会的价值危机、伦理危机和治理危机。[①]

（三）公共道德失范

乡村公共道德是指维系村庄规范有序的一整套规则体系，包括村规民约、公共舆论、道德规范和行为准则等。城镇化的浪潮席卷乡村地区，给乡村传统的道德观念带来了严峻考验，如不孝敬父母、迷信、拜金主义等一些农村道德失范问题频发，也严重侵蚀着传统的乡村秩序。

当前的乡村社会，传统的地方性道德规范正趋于解体，现代的全民性道德规范尚未完全建立，在这样一个急速转型时期，村民出现公共道德伦理的迷茫与混乱，多种话语体系并存，没有一种主流的公共话语体系具有决定性的权威性和号召力。乡村社会公共道德的失范，主要有以下三方面的原因：一是乡村地区的开放性和流动性不断增加。传统时期的村落共同体不断解体，对村民行为的约束和规范作用大大降低。二是公共舆论的沉默。乡村社会日益开放、流动、异质，但村民间的联系却越来越松散，人们对村庄公共事件、公共事务漠不关心，公共舆论也就失去了对村民的约束力。伴随着公共舆论的失语，乡村社会道德失范的奖惩机制也开始失效。一些道德严重滑坡甚至超越了道德底线的行为，在现实中并不需要付出多大代价，或者说缺乏强有力的惩罚手段。而热心公共事务的行为却无法得到社会应有的尊重和奖励，由此进一步加剧了公共道德的失范。三是国家权力的退场与乡村社会的个体化。国家权力对乡村社会道德规范有巨大的引导与干预作用，新中国成立后，国家权力以运动的方式摧毁了部分乡村道德规范，建立起社会主义道德规范。改革开放后，随着国家力量从乡村社会退出，市场经济主导了乡村道德规范的发展，个人主义成为村民的本能选择。村民个体从家族、公社中脱嵌出来，却并没有在组织互动中形成适合自身的公共道德规范，同时私人领域的个体意识和权利话语也无法扩

[①] 董磊明. 村庄公共空间的萎缩与拓展 [J]. 江苏行政学院学报，2010（5）：51-57.

展到公共领域，从而导致市场经济催生的个人主义乃至极端个人主义大行其道，人们根据自己的需要对道德规范进行自我阐释，公共道德规范无法形成。

（四）公共精神淡化

传统的乡村社会是一个封闭的社会共同体，联结村落共同体的不仅有资本，还包括血缘和宗族关系等。乡土公共精神内生于传统乡土公共空间，是村落的群体记忆和集体意识，能够推动乡村社会形成意义共识、情感共鸣、认同感和归属感。[①] 城镇化、现代化的迅猛发展，改变了传统的乡村社会结构，消解了人们对村庄共同体的认同和归属感，乡土公共精神不断趋于淡化和解体。市场经济体制下，传统的道德伦理不断弱化，农民的价值信仰缺失，多元化的经济利益和需求，个人权利在理性化、世俗化的路上渐行渐远，绝对权威不再，再也没有一种统一的观念能够统摄所有人的思想。同时，信息技术革命和移动网络的发展实现了传统乡村社会对信息困境的突围，信息边界限制被彻底打破，并产生了新的"信息茧房"。村民足不出户就能接收到各种信源，传统的交往活动如聊天、打牌等受到了巨大冲击。个体将自己封闭在狭小的私人空间，却较少从现实的公共领域寻找精神寄托，由此，公共精神在网络的冲击下被淡化。

第二节　乡土公共文化的重构

一、乡土文化公共性的消解

乡土文化的繁荣兴盛是乡村振兴的标志。随着乡村现代化进程的推进，城市化、工业化以及信息技术的发展，打破了传统村落共同体的封闭结构，将现代都市文明带入了乡村社会，影响和改变了乡村社会的公共生活，并进一步

---

① 张波，丁晓洋.乡村文化治理的公共性困境及其超越 [J]. 理论探讨，2022（2）：83-90.

导致传统乡土公共性的消解。乡土文化公共性的消解是一个复杂的过程，涉及乡村社会结构、经济活动、文化传承以及人们生活方式的变迁等诸多因素。在现代化的冲击下，传统乡村社会的结构与文化价值都在解构和消失。一方面，优秀传统乡土文化中蕴含的道德规范、价值理念、人文精神等在城镇化过程中日益消解；另一方面，现代工业文明对传统乡土文化产生巨大冲击，乡土文化共同体意识被削弱，村落凝聚力涣散，村民文化认同感与自信心下降。随着现代化进程的加快，乡村地区面临着人口外流、传统生活方式改变以及外来文化冲击等问题，这些因素共同作用导致了乡土文化公共性的逐渐消解。

首先，乡村人口外流尤其是年轻劳动力向城市的流动，使得乡土文化失去了活力和传承主体。年轻一代在城市精英文化中接受新的生活方式和价值观，对传统乡土文化的认同感和参与度降低，组织和参与乡土文化活动的人数也大为减少。其次，随着经济的发展，乡村地区的生产方式和产业结构发生了变化，传统农业活动减少，而工业和服务业逐渐兴起。这种转变不仅改变了乡村的经济结构，还影响了乡土文化的表现形式和公共性。再次，现代通信技术的普及和媒体的广泛覆盖，使得村民能够轻易接触到外界信息和文化产品。外来文化的冲击使得村民尤其是年轻一代对本土文化的兴趣和认同感减弱，从而影响了乡土文化的公共性和传承。最后，乡土公共空间的萎缩也是一个不可忽视的因素。一些传统的乡土公共空间如广场、祠堂等被改造或消失，村民聚集交流的机会减少了，从而影响了乡土文化的公共性。

二、乡土公共文化重构

乡土公共文化重构是对乡村社会原有的文化形态进行更新和重塑，以适应现代社会的发展需求。重构乡土公共文化是一项系统工程，需要从多个层面进行综合考虑和实施。首先，要注重传统乡土文化的保护与传承，挖掘和整理乡村的历史文化遗产，让传统文化焕发新的活力。同时，鼓励和支持乡土文化人才的培养，提升村民的文化素养和创新能力。其次，应加强乡土公共文化基础设施建设，为村民提供丰富的文化活动空间。再次，充分利用现代信息技术，如互联网、移动应用等，将乡土文化与现代传播手段相结合，拓宽乡土文化的传播途径和影响力。最后，政府和社会各界应形成合力，制定相应的政策和措施，为乡土公共文化的发展提供支持和保障，促进乡土文化的繁荣发展。

（一）保护和传承传统乡土文化

村落是理解中国农民行为逻辑的关键节点，20世纪90年代"打工潮"出现以后，农民工外出的流动与文化变迁的融合成为管窥乡土文化的重要窗口。[①] 乡村人口的大量外流不断冲击着传统乡土文化的根基，城市化与市场化进程的加快，造成了乡村精英文化人才的大量流失，乡土文化生态呈现传统与现代的内生边界。乡土文化传承主体断裂，乡土文化和乡村人才的"空心化"现象加剧。乡土文化的断裂是乡村人口外流的必然结果，农民工"返乡"有利于传统乡土文化的保护与传承，为"乡土重建"开辟了新的治理格局。要重塑乡土文化基因，就应让村民重识独特的乡土之情，借用乡土文化要素，全方位解构返乡一族对乡村记忆和美丽乡愁的追忆。

传承传统乡土文化，需要对乡村的历史文化遗产进行挖掘、整理和保护，同时通过教育和文化活动让传统文化得以传承和发展。一方面，地方政府可通过制定相应的政策和法规，确保传统乡土文化得到有效保护。并定期开展乡土文化普查，记录和整理传统乡土文化资源，包括非物质文化遗产、传统手工艺、民俗活动等。另一方面，可通过教育和培训提高村民的文化认同和归属感，鼓励年轻一代学习和继承传统技艺。同时，积极利用现代传播手段，如互联网、社交媒体等，宣传传统乡土文化，扩大其影响力，让传统乡土文化在乡村振兴中发挥积极作用，实现可持续发展。

（二）现代传播手段赋能乡村文化振兴

乡土文化与现代传播手段的结合，为传统文化的传承与创新提供了新的

---

① 周彦每. 公共文化治理的价值旨归与建构逻辑 [J]. 湖北社会科学，2016（7）：40-45.

机遇。通过互联网、社交媒体、视频平台等现代传播工具，可以将乡村的风土人情、民俗艺术等文化元素广泛传播给公众。这种结合不仅有助于提升乡土文化的知名度，还能吸引更多的关注和资源，促进当地经济的发展。同时，现代传播手段的互动性和即时性，使得乡土文化能够以更加生动、直观的方式呈现给受众，增强了文化的传播效果和影响力。此外，现代传播手段还可以帮助村民学习新技能，提高他们利用现代技术传播和保护本土文化的能力。乡土文化与现代传播手段的结合，推动了乡土文化的多样性和可持续发展。

（三）加强乡土公共文化基础设施建设

加强乡土公共文化基础设施建设对于提升村民的生活质量、丰富精神文化生活、推动乡村振兴具有重要意义。具体而言，加强乡土公共文化基础设施建设可从以下几方面发力：一是根据乡村实际情况，制定公共文化基础设施建设的长远规划，同时加大财政投入与支持，完善基础设施网络，形成覆盖乡村的公共文化服务网络。二是强化乡土文化人才培养，加强乡土文化人才队伍建设，提高文化服务的专业性和多样性，创新运用现代信息技术，开展线上文化服务，拓宽服务渠道。三是鼓励公众参与，强化管理维护。积极引导村民参与公共文化设施的使用和管理，提高基础设施的使用效率。定期举办各类文化活动，增强乡土文化的活力和村民的参与度。通过有效加强乡土公共文化基础设施建设，为乡土文化振兴提供坚实基础。

（四）传统乡土文化基底的失序与价值重建

乡村社会是一个以血缘、地缘为纽带的熟人社会，乡村的封闭性与乡土文化的排外性导致村民惯于固守陈旧落后的思想观念。随着现代化进程的加快，乡村社会的经济、文化和生活方式发生了巨大变化，传统社会结构和价值观念也发生了剧烈变化。外来文化涌入乡村对乡土文化产生了强烈冲击，传统乡土文化的内部传承机制出现断裂，许多传统技艺、民间习俗衰落或悄然消失，村民对传统文化的认同感和归属感不断减弱，乡村社会的内在力量遭到严重削弱，传统乡土文化基底出现失序现象。

城市化的推进在一定程度上解构了乡村社会的共同体秩序，大量村落被兼并或拆迁，村民日常生产和生活的共同体边界开始模糊，传统礼仪和道德规范对村民的约束力也大为弱化，传统乡土文化亟待价值重建。乡土文化的价值重建对维护乡村社会的稳定，促进乡村经济发展，增强乡村社会的凝聚力和认同感，促进乡土文化传承与发展，弘扬乡土公共精神具有重要意义。传统乡土文化基底的失序需要政府、社会和村民等多方主体来共同解决，深入挖掘乡土文化内涵、创新传承机制与方式、弘扬传统文化精神和促进文化交流与融合是实现传统乡土文化价值重建的有效路径，为乡村社会的稳定和发展注入新的动力。

城市化的不断推进给乡村社会带来了现代文明的气息，但也对村民的价值观念形成了极大冲击，利益至上的市场观念逐渐成为村民的行为逻辑。与此同时，许多曾经充满活力的村落逐渐走向了终结。这些村落的消失，不仅是地理空间上的消亡，更意味着文化和生活方式的转变。随着乡村年轻一代的大量外流，许多传统村落曾经的农耕生活、传统节日、习俗等，都逐渐淡出人们的视野。"村落的终结"预示着村落共同体的地方知识和伦理结构逐渐趋于解体，文化的续延需要重建共同体的文化自信与乡土品格[①]。文化自信是乡土文化传承和发展的基石，乡土品格则体现了地方文化的独特性和多样性。文化的延续与传承，关键在于重塑共同体的文化自信及深耕乡土特色。

---

① 滕尼斯.共同体与社会：纯粹社会学的基本概念 [M].林荣远，译.北京：商务印书馆，1999：16.

第三节　文化振兴背景下的乡土公共性重构

"中国是一个乡村社会，中国文化在本质上是乡土文化。"[①] 中国有着悠久的农耕文明史，乡村不仅是物质生产的基地，还是文化传承和社会结构的重要组成部分。乡土文化体现在家族和宗族关系、传统习俗、土地和自然的联系等诸多方面，形成了独特的乡村社会风貌和文化景观。文化振兴是乡村振兴的重要内容之一，挖掘、传承与弘扬传统乡土文化，重塑乡土公共性内涵，是重构乡村秩序、再造乡土团结、实现乡村治理现代化的应有之义。乡土文化的有效治理是乡村振兴战略的重要组成部分，它关系到乡村社会的和谐稳定和文化传承，昭示着治理合法性与公共性目标的共同达成。在乡土文化善治过程中，创造性转化和创新性发展是重塑文化公共性的必然选择。这种方式可以将传统文化与现代价值观念相结合，使之更加符合当代社会的需求。同时，创新性发展能够激发乡土文化的活力，增强其吸引力和影响力，从而促进乡土文化的传承与发展，进而推动乡村经济社会的发展。

一、乡土文化治理与公共性认知

乡土文化治理的公共性是指在乡村社区中，村民在参与文化治理的过程中所展现出的共同特征和社会属性，具体表现为村民在利己性与利他性关系中展现的公共性行为。这种公共性体现在民众共同参与文化活动、共同维护文化传统、共同推动文化创新等方面。通过这种参与和互动，乡土文化得以传承和发展，同时增强了村民彼此间的凝聚力和对公共利益和价值的认同，不仅有助于保护和弘扬乡土文化，还能促进乡村社会的和谐稳定。

[①] 齐骥．乡土文化振兴：如何唤醒乡土记忆 [M]．北京：知识产权出版社，2021：3.

（一）村庄文化共同体的公共性认知

村庄文化共同体的公共性认知是指村庄成员对于村庄公共事务、资源、利益以及文化传承等方面的共同理解和认识。这种认知是建立在人们长期共同生活、相互交往的基础上，体现了人们对于村庄整体利益的认同和对文化价值的尊重。公共性认知在村庄文化共同体中发挥着重要作用，它有助于维护村庄共同体的和谐稳定，促进人们之间的团结合作，以及推动乡土文化的传承与发展。

1. 乡土文化的多元化来源

我国是一个多民族国家，长期以来形成了独特的语言、服饰、饮食、居住习惯、节日庆典等，不同民族的文化在相互交流和融合中奠定了文化认知的存在基础。从村庄文化共同体公共性认知取向来看，正是这些不同元素相互作用和融合，形成了多样态的乡土特色文化。乡土文化的多元化来源主要体现在历史传承、地理环境、经济发展和生产方式差异等方面。

首先，历史传承是乡土文化多元化的基础。不同地区的历史背景、民族传统和宗教信仰，形成了各具特色的乡土文化。其次，地理环境对乡土文化的影响也不容忽视。地形地貌、气候等自然条件，决定了乡村的生产方式和生活习惯，进而影响了乡土文化的形成。再次，经济发展水平和生产方式的差异，也导致了乡土文化的多样性，孕育了不同的文化特色。此外，乡村之间的交流与融合也是文化多元化的重要来源，不同乡村之间的文化相互借鉴和融合，形成了新的文化形态。乡土文化在多种因素的共同作用下，形成了丰富而多元的乡土文化景观。

随着乡村社会的发展和变迁，乡土文化也在不断演变和更新。随着城镇化进程的不断推进，乡土文化逐渐与都市文化融合，形成了新的乡土文化景观。市场经济的发展带来了经济的快速增长和生活方式的变革，很大程度上改变了人们传统的生活习惯和价值观念，逐渐削弱了传统乡土文化对人们思想和行为的影响。乡土文化中那些根深蒂固的传统习俗、生活方式和价值观念，在市场经济的冲击下，其影响力和约束力正在减弱。人们开始追求更加个性化和多样化的生活方式，这在一定程度上导致了传统乡土文化的惯性逐渐被消解。

2. 乡土文化的多样化展演

乡土文化的多样化呈现，是指在乡村开展的各类文化活动中，通过不同的艺术形式和表现手法，展现丰富多彩的文化内容。乡土文化的多样化展演体现了乡土公共文化服务的高质量发展，推动了乡土文化振兴。具体而言，这种多样化不仅体现在戏剧、舞蹈、音乐、曲艺等表演艺术上，还包括绘画、摄影、数字媒体艺术等新兴的视觉艺术。这种多样化的呈现以乡土文化为主体，展示乡村的历史、人文和自然景观等，让更多人了解和认识了乡土文化。同时，通过开发乡村旅游资源，还可吸引游客前来参观和体验乡土文化、体验当地的民俗风情等。通过这些不同的艺术形态，不仅全面展示了乡村的文化特色，提高了村民的文化素养和审美趣味，还满足了都市人群的审美需求，促进了乡土文化的交流与传播、传承与发展。乡土文化展演形态的多样化呈现都有一个共同的衔接点，即通过具体的表现形式和载体，传达和表现出文化的公共性特质。[①]

（二）乡土文化公共性与乡村共同体建设

文化公共性是文化资源和文化活动对社会公众开放共享的特性，它强调文化的普及性和包容性。在乡村共同体建设中，乡土文化公共性的作用至关重要，对增强村民的归属感和认同感，形成乡村社会凝聚力发挥着关键性作用。在文化公共性领域里，乡土文化为村民们提供丰富的文化资源，帮助他们了解和掌握农业技术，提升文化修养和社交能力，培育其文化自觉。乡土文化建设通过营造和谐向上的文化共同体氛围，能够有效地整合优质文化资源，为乡村共同体建设提供了强大的精神动力和文化支撑。

1. 乡村政治精英的整合管理作用

乡村政治精英掌握着村庄的公共权力，在乡村社会生活中扮演着至关重要

---

① 王刚，黄鹏. 公共性重塑：乡土文化振兴的善治逻辑 [J]. 河南师范大学学报（哲学社会科学版），2024，51（1）：38-44.

的角色，发挥着领导、管理、决策和整合功能，对村庄全面发展具有重要作用。乡土公共文化建设通过重塑乡村社会秩序，对乡村社会进行柔性治理，从而实现村庄的公共性"再生产"。乡土文化公共性的再造主体和运作机制，决定了文化治理的持久性和深入性。在乡村治理中，村庄政治精英的整合管理作用是推动村庄发展的重要因素。乡村政治精英一般具有较高的社会地位、较强的社会影响力和丰富的社会资源。他们能够统筹村庄的资源，确保资源的有效利用，为村庄的长远发展制定切实可行的策略。他们能够协调不同乡村群体的利益，通过沟通和协商，减少冲突，增强社区的凝聚力，促进社区和谐。他们能够代表与村庄外部进行交流，争取更多的支持和资源。这些政治精英不仅需要具备先进的思想观念和市场意识，还需要有高尚的道德水平和无私奉献的公共精神。总之，村庄政治精英的统筹与整合作用是推进村庄治理现代化的重要因素，通过其统筹与整合作用，不仅能够促进村庄内部的和谐与发展，还能够提升村庄在更广泛社会中的地位和影响力，为村庄的可持续发展提供有力保障。

2. 村规民约的作用

村规民约是乡村社会内部成员共同制定的规范和约定，是一种遵循乡村社会内生逻辑而形成的文化形态，是乡土公共性建设的重要基础，对于推动乡村社会的和谐发展具有不可替代的作用。首先，村规民约通过增强村民的自我管理能力，形成共同遵守的公共规则，促进村民的自我约束以及村民之间的相互监督，从而维护乡村秩序，促进和谐。其次，村规民约在公共资源的合理利用和保护上发挥着积极作用，是确保对乡村自然资源和公共设施可持续利用的有力保障。最后，村规民约能够强化村民对村庄共同体的认同和归属感，增强村民对乡村发展的责任感和参与度。

（三）乡土文化的公共性实践

从乡土文化公共性的源头来看，乡村善治的核心目标是确保公共利益的最大化。在此过程中，如何通过有效的治理机制，促进资源的合理分配，如何通过文化活动和传统习俗的传承，增强社区的凝聚力和身份认同，是实现乡村善治需要考虑的现实问题。当村民的行动和文化建设失去了公共利益的导向和约束时，文化的公共性质便会逐渐淡化，甚至消失。从文化治理的实践机制来看，强化乡土文化公共性治理的关键在于构建多元主体共治的模式，夯实乡土文化公共性治理的空间基础。应鼓励和支持地方政府、文化机构及民间组织等多方参与，确保文化治理的多元性和包容性。建立和完善乡土文化公共性治理的平台和渠道，保障文化治理活动的持续性和有效性，提高村民的文化意识和参与度，鼓励他们积极参与到文化治理中来，形成自下而上的文化活力。从乡土文化传承、保护和治理来看，政府部门应发挥其主导作用，制定相关政策和规划，提供必要的资源和支持。同时，应积极吸纳乡村内部的精英人才，深入挖掘和保护乡土文化，激发村民的参与热情，共同推动乡土文化的繁荣。

1. 政策宣传

乡土文化的公共性重塑贯穿于乡村治理的全过程，彰显了文化治理的工具性和政治性。作为一种社会资源，乡土文化能有效激发村庄活力，而政策宣传是激发乡土文化活力的重要手段，对增强村民文化认同，激发村民参与乡土文化的传承和保护发挥着积极作用。一方面，可以组织多样化的文化活动，让村民深刻理解文化对村庄发展的重要性。倡导和鼓励村民参与文化创作和演出，保护和传承村庄的独特文化。另一方面，充分利用网络技术和平台优势，广泛传播乡土文化活动和成果，增强外界对村庄文化的了解和兴趣，吸引更多的资源和关注，在乡村内部凝聚人心，增强村民的归属感和认同感，从而推动乡土文化的传承和发展。

2. 乡土文化资源整合

文化治理是提升国家软实力的重要途径，其核心在于借助多样化的文化载体，构建一套既科学又合理的制度框架，以此推动社会向更加合理、有序的状态发展。文化资源整合能充分彰显乡土文化的独特魅力，促进文化多样性的保护与发展，增强文化软实力。在对现有乡土文化资源进行全面调查和评估的基础上，通过建立有效协调机制，打破行政壁垒，鼓励和支持文化创新，激发乡村主体的创造力和对乡土文化资源的传承与保护意识，是践行文化制度的有效手段。乡土文化资源的有效整合，将有力推动文化制度的落实，促进乡土文化的繁荣发展。

首先，在整合文化资源的过程中，需要确立一套完善的文化政策法规。这些法规不仅应着眼于文化资源的保护与传承，还应促进其创新与传播。在传统时期的乡村社会，村民生活在一个自然形成的自发秩序之内，即在村庄内部形成了美好家园的"生活秩序"、心灵家园的"精神秩序"和非制度性规范的"自觉秩序"[①]，这些秩序共同构建了乡村和谐共生的格局。随着市场化进程的加速，传统的乡土文化公共空间遭到了一定程度的破坏。同时，村庄在传统与现代快速转型的过程中，也陷入了文化延续与发展的困境，亟须寻找新的动力和方向。重构乡土公共空间和生活场景，需要国家资源的强势介入或推进，通过制定政策和资金支持，引导和鼓励地方政府和社会力量参与到乡土公共空间建设中来。同时，确保这一过程的规范和有序，从而保护和传承乡土文化，促进乡村社会的可持续发展。乡土文化振兴的关键在于构建有利于乡土文化保护、传承与创新的政策法规体系，明确文化发展的总体框架和目标，推动乡土文化在保护中传承，在传承中创新，实现乡土文化的繁荣与发展。

其次，整合乡土文化资源，需要健全文化管理体制。整合文化资源需要健全的文化管理体制作为支撑，以确保文化资源的合理配置和有效利用。在守护传统乡土文化的过程中，文化制度对加强乡土文化管理和服务，深入挖掘和利用文化传统和资源优势具有重要作用。一方面，可以通过打造具有代表性的地方文化品牌，提升村庄文化的知名度和影响力，促进乡村历史文化的保护和

---

① 李建军，段忠贤.乡土文化治理的主体特征与模式选择：以农村移风易俗为例 [J]. 云南社会科学，2023（1）：170-176.

传承，为乡村的可持续发展注入新的活力。另一方面，可以通过开展丰富多彩的文化活动，弘扬优秀传统文化，加强文化艺术教育，完善相关政策法规，普及文化教育，保障村民文化权益，全面推动乡土文化的传承与振兴。

二、文化治理视域下的乡土公共性消解

文化公共性的实践要求我们优化各种文化和治理单元的布局，以确保乡土文化在保持其公共性和对民众福祉的贡献上得到最大限度的体现。在现代国家建构过程中，具有乡土气息的文化形态和内容表现出文化公共性流失的现象。传统文化在与现代文化的碰撞中，往往被边缘化甚至同化。乡土文化作为地方性的文化表现形式，承载着丰富的历史记忆和地方特色，但在国家力量和市场经济的冲击下，其公共性逐渐减弱。这种流失不仅意味着文化多样性的减少，还可能导致社会凝聚力和身份认同的弱化。

一方面，乡村公共生活的衰弱是当前面临的一个严峻问题。随着社会的快速发展，一些关键的公共议题未能得到充分的讨论和解决，导致村民的意见和需求被忽视，从而损害了村民的权益，影响了乡村社会的和谐稳定。另一方面，城市化进程的加速不仅改变了人们的生活方式，还对乡村的公共空间产生了深远的影响，曾经村民交流、集会和开展文化活动的公共空间正逐渐失去其原有的功能和意义。随着乡土文化治理的场域空间不断缩小，村民参与公共文化活动的机会减少，进行社交和文化互动的空间受到了很大限制。与此同时，乡土文化治理也面临公共价值逐渐消解的风险，部分村民对乡土文化认同感和归属感缺失，公共精神逐渐淡化，对公共事务的关注和参与度不断降低。

（一）乡村公共生活的式微

乡村社会公共生活的日渐式微，反映了村民传统互动模式的日渐衰退。随着村庄年轻群体外出务工，村庄内部老年人口比例逐年增加，村庄的活力和凝聚力逐渐减弱，乡村公共活动空间不断萎缩，人们对传统仪式与文化活动的参与度也逐渐下降，村庄公共生活是透视乡土文化兴衰的重要视角。

在乡土文化治理实践中，面临的一个突出问题就是公共生活的日渐式微，主要体现在村民对村庄公共事务的冷漠态度上，他们对参与这些事务失去了兴趣。为此，我们需要重新审视村庄作为地缘和文化单位的角色，并深入理解和尊重其集体生活的自治性和公共性。

1. 村民参与公共生活的意识和能力欠缺

村民在参与公共生活方面，往往表现出意识和能力的不足，这可能会影响乡村社会的和谐发展和民主决策的顺利实施。在一些乡村地区，由于村民对公共事务的了解不足以及缺乏参与意识，村民的注意力主要集中在个人和家庭事务上，对村庄的公共生活了解不多，也不太感兴趣。由于教育水平和社会地位的限制，一些村民既没有参与公共事务的意愿，也缺少参与的机会。

2. 村庄缺少参与公共生活的氛围

村民是推动村庄共同体发展的重要主体，他们通过参与村庄的公共生活，体现了一定的公共精神，并承担起建设村庄的公共责任。然而，在部分乡村地区，复杂的人际关系和社会结构成为影响村民公共行动的重要因素。特别是在缺乏足够的利益驱动时，一些处于弱势地位的村民往往选择回避参与公共事务，这种"事不关己，高高挂起"的态度，在一定程度上限制了村民在公共行动上的积极性和参与度。因此，为了促进村庄共同体的健康发展，需要采取措施激发村民的公共参与热情，改善人际关系和社会结构，从而增强村庄共同体的整体凝聚力。消极的社会情绪一旦在村庄中弥漫开来，将对乡村公共生活产生不利影响，可能导致乡村公共生活的逐渐衰退。与此同时，乡村的"空心化"现象的加剧使得村庄内部凝聚力不断下降，村民之间难以形成统一的行动，进而陷入集体行动的困境。

3. 村庄内部资源和权力分配失衡

村庄资源和权力分配失衡是一个复杂的社会问题，在实施惠农政策和全面脱贫的过程中，确保村庄公共资源在村庄范围内得到合理分配和有效利用至关重要。公共资源的管理与分配应遵循公平、公正的原则，确保每个村民都能从中受益，避免资源被少数人垄断或滥用。但在个别村庄中，仍存在资源分配和权力分布不平衡的现象。由于村庄公共资源的分配涉及不同群体的利益平衡，同时资源有限而需求多样，因此往往很难形成科学有效的分配机制。在乡村社会公共生活实践中，努力提升村民的参与意识和能力，鼓励村民积极参与公共事务的讨论与公共资源的分配过程，同时强化村庄的社会结构和氛围建设，确保对公共议题讨论的自由与通畅，避免因利益冲突而导致公共议题失语。

（二）乡村空间结构趋于解体

村庄是村民开展公共生活的场所，其形成和发展深受历史传统的影响。在传统中国社会，村庄是一个以血缘、地缘和业缘为纽带的小型熟人社会，村民通过这些联系维系着日常的生产和生活。然而，随着市场化进程的加速，村民之间的互动开始受到货币经济的刚性压力，传统的小农经济逐渐向社会化小农经济转变。这一转变要求我们从市场化角度重新审视小农经济的变迁。同时，随着越来越多的村民外出务工，村庄的场域空间正在逐渐瓦解，传统的村庄公共空间和自然空间也面临着衰落的危机。

1. 传统村庄公共空间日渐衰落

乡村是一个具有独特治理价值的特殊单元，乡土公共空间是乡村生活的重要组成部分。随着乡村"空心化"现象的加剧，传统村庄的公共空间正逐渐被侵蚀。原本用于互动交流、开展文化活动和商贸交易的广场、集市等公共场所被挪作他用，其使用功能也在减弱。这种变化不仅降低了村庄公共生活的品质，还严重削弱了村庄的社会凝聚力和文化传承能力。因此，保护和恢复乡土公共空间，对于维护乡村秩序和促进乡土公共文化发展具有重要意义。

2. 自然空间陷入资源困境

公共空间的萎缩对乡土文化的传承和可持续发展构成了威胁，村庄内外部的公共场所和设施逐渐消失或功能弱化，乡土公共空间的品质大幅下降。城市化、工业化进程的加速推进以及乡村人口的大量外流，使乡村自然空间陷入了资源困境。一方面，乡村的土地资源被过度开发，自然生态空间不断缩减，同时污染问题突出，自然环境遭到破坏，进而影响了村庄的文化景观和自然风貌。另一方面，乡村人口的大量外流加速了乡村的衰败，加之村庄外部公共服务设施的缺失，使村民失去了重要的互动交流和娱乐休闲场所，并对乡土文化的传承创新产生了负面影响。

（三）乡土公共价值的消解

乡土公共价值是指村民共同拥有的公共利益和价值，是他们共享的宝贵资源，也是实现乡村振兴与共同富裕的核心驱动力。随着乡土公共价值日趋消解，公共空间所承载的社会关系、文化意义和集体记忆也逐渐消退。[1] 乡村建设不仅需要经济扶持，更需要创造新文化。传统文化与网络交织的文化基因，正面临前所未有的挑战，即"文化惯习"的断裂，这是由于乡村社会的文化网络由错综复杂的组织体系和权力运作规范共同构成，包括强制性义务团体、自愿组成的联合体和非正式人际关系网，这些正式和非正式关系网络的复杂交织导致了乡土公共价值的消解。

1. 乡土社会联系的淡化

随着市场经济和城市化进程在乡村的加速推进，越来越多的村民离开乡村前往城市寻求发展机会，乡村人口的大量外流使村庄人口结构发生了显著变化，村民的生活方式和交流模式也发生了深刻变化，乡村社会的传统社交网络和社区关系逐渐瓦解，曾经维系社区和家庭关系的血缘和地缘纽带逐渐解构。村庄公共空间的减少和功能的弱化，使村民们失去了聚集交流和互动的场所，人们面对面互动交流的机会大大减少，这进一步导致了村民之间联系的日益疏远。

---

[1] 邬家峰. 生活化治理：乡土文化振兴的内源性路径转向与实践——基于"赣南新妇女"运动的考察 [J]. 江海学刊，2022（3）：122-131.

2. 乡土公共权威的弱化

在中国传统的乡村社会，村庄秩序深植于礼治之中。在传统乡土中国，村庄秩序以礼治为基础。族长、乡贤是村庄的公共权威，也是维护村庄秩序的重要力量。在日益开放、流动、异质的乡村社会，随着村庄社会化程度的不断深入，村庄原子化现象进一步加剧，并在一定程度上削弱了传统社会秩序在乡村社会中的权威性。在乡村治理中，必须充分发挥新乡贤在德治、法治、情治、智治等方面的优势，重塑乡土公共权威。通过德治，引导村民遵循传统美德和社会公德；通过法治，确保乡村社会的稳定和公正，解决纠纷和冲突；通过情治，增强乡村社会凝聚力，满足村民情感需求；通过智治，运用现代知识和技术推动乡村的可持续发展，构建和谐、有序、充满活力的乡村社会。

3. 乡土集体记忆被淡忘

乡土集体记忆是乡村社会成员共有的精神财富，承载着乡村的历史积淀、传统习俗和核心价值观。随着乡村社会的变迁，一些曾经深植于村民文化血脉中的集体记忆逐渐被淡忘。科技的进步、文化的融合、城镇化的推进以及市场化进程等都可能导致乡土集体记忆被淡忘，但不可否认，这些记忆是村民共同的财富，是村民身份认同和文化传承的重要组成部分，充分利用数字媒体和技术保存和传播这些记忆，才有可能留住"乡愁"。乡愁是一份深埋在离乡游子和村庄之间的独特情感。回望乡村，看到的是历史的沉淀和文化的积累，是传统文化和乡土情感的承载。留住乡愁，守住的是乡土文化、乡村自然和人文景观。乡村文化振兴的关键在于挖掘和弘扬乡村独有的文化特色，让乡土文化焕发新的活力。

三、乡土公共性再造：乡村治理中的文化善治

乡村文化治理效能的提升是衡量公共性善治水平的重要指标。首先，提升公共性善治水平，应激发村民对公共议题的讨论与参与热情，培养村民的公共精神，积极整合并高效利用乡土文化资源。深入挖掘乡村文化资源和文化空

间，如村落历史、传统民俗等，以提升乡土文化的经济价值和社会影响力。其次，公共性善治须重视乡土文化的传承与创新，通过开展丰富多彩的文化教育与交流活动，激发村民的文化认同和文化自信，利用现代传播手段让村民广泛接触和分享乡土文化成果，以推动文化传承与创新。最后，实现公共性善治还需要加强制度的完善和管理的执行，明晰村庄公共规则，保障村民文化权利，从而重塑乡土文化的公共性，推动乡村治理迈向文化善治的新阶段。

（一）再造乡土公共精神

公共精神是指个体在公共领域中，尊重公共价值，积极参与公共事务，维护公共利益的精神状态，涵养乡村文化的公共精神是提升乡村文化治理水平的重要途径。在乡村文化治理中，公共精神的缺失导致村民缺乏对公共事务的关注和参与，影响乡村文化的治理效能。

1. 培养乡土公共意识

公共意识是个人或群体对社会公共利益、公共事务以及公共行为准则的认知、理解和态度。加强对村民公共意识的培养有助于形成和谐的社会环境，促进村民间的理解与合作，维护乡村社会秩序和公共利益。在乡村文化治理中，应通过教育引导、媒体宣传、环境建设等多种方式，强化村民对乡土文化公共性的价值认知，明确治理主体在文化治理中的责任和使命，在公共性实践中培养村民公共意识，重塑乡土公共精神。

2. 加强乡土文化传承

加强乡土文化的交流和对传统习俗的传承，是重建乡土公共精神的重要途径，对增强乡村社会凝聚力具有重要意义。一方面，应让年轻一代充分了解和尊重本土文化，提高村民对乡土文化的兴趣和参与度；另一方面，可利用现代媒体技术和互联网平台等，传播乡土文化并扩大其影响力。同时，发挥乡村精英的引领作用，鼓励乡村精英参与乡村发展规划的制定和实施，让乡村精英成为公共精神的传播者和实践者。

3. 完善乡土公共空间的建设

乡土公共空间是村民日常交往的重要场所，是形成村庄凝聚力的基础。乡土公共空间不仅促进了村民间的交流与互动，还增强了他们的归属感和身份认同。创建和维护乡土公共空间，需要有效衔接政府与民间资源，共同推动公共空间的设施建设和有效利用。同时，突出公共空间建设的主体性，鼓励村民积极参与公共空间建设，从而为村民提供必要的互动交流空间和文化活动空间，从而培育乡土公共精神。

（二）重构乡土公共空间

重构乡土公共空间是提升乡村文化治理水平的有效途径，在乡村文化治理中，应关注公共利益和集体决策，鼓励村民积极参与公共事务的讨论和决策过程。通过广泛听取村民的意见和建议，确保公共议题的多样性和包容性，以实现乡村文化的多元发展。此外，公共性善治还应推动公共机构和组织的建立和完善，鼓励村民参与公共机构的管理和监督，提升公共机构和组织的效能和服务质量。

1. 完善乡村基础设施建设

乡村基础设施建设是推动乡村经济发展的关键，也是重建乡土公共空间的必要物质基础和保障，为乡村的可持续发展奠定坚实的基础。通过优化交通网络、加强信息网络建设等举措，促进乡土资源的有效配置和产业的协同发展。乡村基础设施的完善为乡土文化的传承与创新提供有力支撑，让乡土公共空间焕发新的活力。

2. 挖掘与传承乡土文化

挖掘与传承乡土文化不仅有助于保护和弘扬地方文化，还能增强乡村社会的凝聚力和身份认同感。通过深入挖掘乡村历史、传统和民间技艺，为乡土文化建设赋能。可通过打造地方性的知识平台、建立合作组织、制定政策等方式，推动传统乡土文化向现代文化景观转化。

3. 强化主体参与度

一方面，鼓励村民参与到乡土公共空间的重建过程，通过多种渠道、多种方式广泛听取村民的意见和建议，增强村民的归属感和文化认同；另一方面，在乡土公共空间的基础上，促进村民间的交流与合作，强化重构主体的参与度和积极性，定期组织文化活动或公共服务项目，使公共空间成为村庄的共享资源，推动乡土文化的传承和发展。

（二）重塑乡土公共规则

乡土公共规则是指调节乡村社会公共生活、维护社会秩序和公共利益的准则和规范。① 在乡村文化治理框架下，公共规则涉及乡村社会生活的各个层面，如环境保护、公共设施的使用、村务管理等，旨在通过合理的规范与引导，促进乡村的可持续发展，实现乡村社会的繁荣与稳定。同时，公共规则的制定应公开、透明，确保村民的参与权和知情权得到充分保障。

1. 明确内容和制定程序

公共规则的内容包括土地使用、环境保护、公共设施管理与使用、文化与教育、村民自治等多个方面。在制定乡土公共规则的过程中，必须遵循科学、民主原则，让村民充分了解并参与到规则的制定中来，确保其知情权和参与权得到充分保障。同时，需要注重营造积极的氛围，增强村民对公共规则的支持和认同。

2. 对接政策法规

只有将乡土公共规则重塑与国家法律、政策相结合，才能确保重塑后的公共规则既具有乡土特色，又不违背法律框架。具体来说，一要深入研究现行的国家法律和政策框架，明确哪些是不可逾越的红线，哪些是应当积极倡导的价值观。同时，深入了解乡村实际情况，广泛征求村民的意见和建议，理解他们

---

① 丁波.乡村文化治理的公共性建构：一个分析框架[J].暨南学报（哲学社会科学版），
　2023，45（7）：69-78.

的需求和期待。二要分析和研究乡村的传统习惯和公共规则，提炼乡土文化元素的特色和核心价值。并将其融入新的公共规则体系中，创造出既具备法治精神，又富有地方特色的新规则。三要确保公共规则的合理性和可行性，可邀请政府有关部门、法律专家对新规则进行审查，从而有效规避与国家法律相冲突。

3. 加强宣传教育

公共规则制定后，应通过电视、广播和网络等多种媒介渠道，广泛宣传公共规则的内容和要求；组织专题讲座和研讨，提高村民对公共规则的理解和认知；引导社会各方力量积极参与公共规则的宣传和教育工作，增强村民遵守公共规则的自觉性。

4. 健全监督机制。

监督是保障乡土公共规则顺利运行的重要环节，在传统的乡村治理中，正式治理与非正式治理间的监督界限往往不够清晰，因为乡村社会的紧密联系和相互依赖使非正式治理在很大程度上影响和补充了正式治理，这种模糊性可能带来治理上的不透明和效率问题。村民自治深植于乡土文化土壤，因此，构建乡土公共规则，必须充分发挥监督的作用，对村庄权威的多种权力边界进行明确规制，以确保地方性情境中的现代性规则能够顺利地融入乡村社会。

5. 完善信息反馈

完善公共规则的信息反馈渠道，可以提升村庄行政的合规性和治理的有效性。乡土公共规则的制定和运行，需要平衡基层治权与监督权之间的关系。基层治权涉及村庄内部的自我管理与决策，而监督权则关乎确保这些决策和管理活动的透明度和公正性。在乡土公共性实践中，基层治权与监督权之间存在一定的张力，基层治权的过度的集中可能导致权力滥用，过度的监督则可能影响决策效率。因此，制定乡土公共规则要在保障民主参与和提高治理效能之间找到平衡点。在移动传播背景下，执行公共规则确保信息反馈渠道畅通至关重要。要积极拓展村民的诉求和表达渠道，利用互联网搭建群众利益诉求和信息反馈平台。通过收集反馈、开展调查和讨论，充分了解公共规则在执行过程中存在的问题以及村民新的或未被满足的需求，以便及时调整和完善公共规则，提升村民对公共规则的认同感和归属感，使之能更好地服务于乡村社会。

社会治理的基础在基层，因为基层是直接面对群众，是政策落实和问题解决的第一线。基层治理的好坏直接影响社会的稳定与发展，而乡村社会是其中最为薄弱的环节。群众满意度是检验乡村振兴和乡村治理成效的唯一标准，治理有效是乡村全面振兴的基础。① 重塑乡土公共性是乡村文化治理的重要基础和动力。②

乡村文化公共性的重塑，是一个全面审视乡村文化治理并进行深入挖掘与重构的过程。这一过程对农民行为逻辑进行了深刻洞察，并赋予其历史的视角和真切的情感体验。乡村社会独特的时空结构里蕴含着人们特定的生活方式、深厚的情感寄托以及稳定的居住状态。再造乡土公共性，正是对这一时空结构的重新诠释与建构，它展现了乡土生产空间的活力、和谐的生态景观以及温馨的生活图景，绘制出一幅生动而多彩的乡村画卷。

再造乡土文化公共性，构建本土化、多元化和差异化的公共性内容。不仅是对国家在乡村基层治理效能的检验，还是对乡土文化面对外部压力和内部变化所展现的适应能力的检验。乡土文化的公共性实践，促进了乡土文化的传承与发展，并为完善国家治理体系提供了宝贵的基层经验和智慧。

---

① 王刚，黄鹏.公共性重塑：乡村文化振兴的善治逻辑 [J]. 河南师范大学学报（哲学社会科学版），2024，51（1）：38-44.

② 张波，丁晓洋.乡村文化治理的公共性困境及其超越 [J]. 理论探讨，2022（2）：83-90.

第四章 个体化进程中的乡土公共性建构

现代化进程使乡村社会结构和乡土文化发生了显著变化，乡村社会日益由封闭、静止走向开放、流动，传统的宗族、村庄等共同体对村民个体的庇护和规范力量逐渐弱化。市场化的推进对村民在乡土文化中的主体地位构成了严峻挑战，村民对传统文化的认同感逐渐丧失。在部分乡村地区，村民价值迷茫、信仰缺失，道德滑坡，孝道衰弱、离婚数量陡增、婚外情现象屡见不鲜，各种唯利是图、背信弃义的现象司空见惯，乡村伦理规范日渐解体。[①] 更为严重的是，极端个人主义和个体理性的过度扩张削弱了乡村社会的权威认同和整合能力，并对乡村的和谐与稳定构成了潜在威胁。中国乡村开启的个体化进程，对乡村社会产生了广泛而深远的影响。

第一节 乡村社会的个体化

现代化进程对中国的政治、经济、文化产生了深刻影响。政治上，中国坚持社会主义制度，推进政治体制改革，加强法治建设，提高治理效能。经济上，中国实行改革开放，发展市场经济，成为全球第二大经济体。文化上，中国在传承传统文化的同时，吸收外来文化，形成了多元开放的文化格局。在这个过程中，中国乡村社会的个体化进程得以完成，个人逐渐挣脱了宗族、阶级和集体等群体关系网的束缚，开始独立应对充满竞争的劳动力市场和复杂多变

---

① 张良. 乡村社会的个体化与公共性建构 [M]. 北京：中国社会科学出版社，2017：36.

的社会风险。值得注意的是，这种变迁并非现代性的自然演进的过程，而是国家意志规划和引导的结果。

一、乡村个体化的发展历程

传统的乡村社会是"伦理本位"的宗族社会，乡村个体自出生起便自然地融入了一个等级分明、结构严谨的宗族网络，并受到浓厚的伦理道德氛围的熏陶。这种社会结构体现了对家族、血脉的传承，家庭生活以父子关系为核心，父母拥有绝对的权威。同时，强调个人对维系家族和谐与繁荣的责任与义务，对长辈的尊重和对后代的严格教育。传统家庭对家族繁荣充满期盼，对家族传承和延续十分重视。在传统的乡村社会，宗族承担着创建家族祠堂、界定家族成员身份、调解家族内部冲突等诸多功能，宗族成员的一生都与宗族共同体紧密联系，个人的行为和言论要遵循宗族的规范。宗族不仅是家族血脉的守护者，还是家族成员行为的指导者。

新中国成立后，乡村社会经历了集体化和人民公社化运动，传统的家族结构被摧毁，宗族观念、父权思想受到巨大冲击，人民公社集中控制并支配乡村社会资源，农民的生产、生活等都依附于集体和公社。刚刚挣脱宗族和儒家伦理束缚的农民，被国家力量嵌入"个人—集体—国家"结构网络之中。

改革开放后，市场经济浪潮席卷乡村社会，乡村基层政权组织形式发生重大转变，人民公社体制转变为乡（镇）政府体制，人民公社退出历史舞台，农民逐步从人民公社的集体性束缚网络解放出来，拥有了更多的自主权和发展空间。随着"家庭联产承包责任制"的实施，农民获得了生产经营自主权和对农产品、劳动力的支配权，自由出售农产品增加了农民的收入，劳动力的自由支配促进了劳动力资源的合理配置和流动，农民的积极性和农业生产效率大大提高。土地包产到户为农民提供了基本的经济保障，减少了其对国家和集体的依赖，促进了乡村经济、社会的发展。

市场化进程在乡村社会的快速推进，促进了农民个体意识的觉醒，也使农民的价值观朝着更加理性化和世俗化转向。逐渐摆脱了集体主义、传统观念和土地束缚的农民，开始向城市自由流动和大量转移，开启了"为自己而活"的生命旅程。不同于西方社会，中国乡村社会的个体化进程并没有在基础教育、社会保障、医疗保障等领域为农民构建一个全面的福利体系，相反地，为了缓解财政压力，国家通过采取一系列改革措施，逐步从过去的社会福利体系中退出，不再承担提供公共产品的责任和义务。从原有家庭或阶层等群体关系网络中剥离出来的农民，由于缺乏相应的支持性福利制度，在竞争激烈的劳动力市场无法融入新的共同体，被迫返回到最初脱离的群体关系网。伴随着个体化进程中农民归属感与认同感的逐步淡化，宗族共同体和传统伦理规范开始解体，集体主义价值逐渐消退。乡村社会结构和价值观念的变迁，带来了传统与现代的冲突、农民身份认同的重新构建等一系列现实问题。

2006年，随着全面取消农业税，乡村社会共同体明显松动并趋于解体。首先，农业税的取消减轻了农民负担，但也减少了乡村公共事务的资金来源，使乡村共同体在公共服务设施建设和维护等面临新的挑战。其次，国家资源对乡村的输入方式直接面向村民个人，架空了村级组织，这种转变影响了乡村社会的资源配置方式，削弱了乡村社会共同体的凝聚力，加速了乡村社会共同体的解体。在城镇化、市场化的冲击下，农民对村庄共同体和乡土文化的认同感逐渐减弱，对都市生活充满向往。然而，受限于消费能力和城乡差异，农民既不能彻底割舍与农业文明的联系，也无法完全融入工业文明，从而导致其对个体身份认同产生分裂，他们渴望拥抱都市文化，却又在传统与现代、乡村与城市之间表现得十分矛盾和挣扎。

二、乡村个体化的表现

（一）信仰缺失

乡村社会个体化是农民从传统时代到集体时代再到市场经济时代不断脱嵌、祛魅和再次嵌入的过程，这一过程中农民的信仰世界容易出现迷茫与混乱。^①因为信仰体系往往与特定的社会结构和生活方式紧密相连，当社会结构和生活方式发生改变，原有的信仰基础也会受到冲击，农民在寻找或构建新的信仰支点的过程中，容易出现困惑与纷扰。信仰体系为人们提供了一整套将生命与人生意义进行有效连接的框架，它帮助个体构建对生命价值的深刻理解，为个人提供了精神上的慰藉并加强了与社会成员的联系，促进了社会和谐与稳定。然而在乡村社会急剧转型和深刻变革的过程中，村民的精神世界遭遇巨大挑战。底蕴深厚的儒家信仰、情感朴素的民间信仰、奉献与互助的集体主义精神与市场化催生的个人主义相互交织、碰撞，不仅反映了乡村社会变革的复杂性，而且是农民信仰缺失与价值观选择困境的现实投射。在城乡流动和乡村社会多元化发展等多重因素的影响下，传统乡土文化在传统与现代的交织中摇摆不定并出现严重分化现象。

社会人是人性和兽性的矛盾统一体，人性是社会和文化的产物，人性中蕴含着高尚的道德情操和理性思辨，而兽性是个体本能的表现，意味着个体具有本能和原始的冲动。审视乡村社会的道德伦理不难发现，信仰的缺失会导致个人过度追求私利，乡村社会孝道衰弱、道德滑坡等现象向人们深刻展示了个体化背后农民信仰缺失的负面性。当信仰不再是村民的精神指引和支撑，乡村社会的伦理道德便会陷入无序和混乱。乡村出现的种种社会问题，与乡村社会的个体化进程息息相关。

（二）权利边界意识模糊

个体化的发展加剧了乡村社会内部的矛盾与冲突。中国乡村的个体化与西方推崇的个人主义有很大不同，其独特性在于我国深受儒家文化影响，个体对宗族、集体的依附性和认同感较强，"个人更多是作为附属镶嵌于集体之中，个人权利也消融于强大的国家怀抱"^②。农民精神信仰的缺失和权利边界认知的

---

① 张良．乡村社会的个体化与公共性建构 [M]．北京：中国社会科学出版社，2017：42．
② 同①．

模糊，不仅使农民在维护自身合法权益时显得力不从心，还影响他们对社会责任和公共规则的正确理解，影响乡村社会的和谐与稳定。

长期以来，中国乡村社会结构是垂直的等级结构，村民的社会交往呈现出一种垂直的、自上而下的特点，村民缺少平等交流和互动的习惯和经验。个体化的发展带来了乡村共同体的解体和公共规则的失范，传统权威和乡土公共规则对村民的约束力不断弱化，人们开始以平等姿态和开放的心态寻求并构建新的社会关系与自我认同。在这种背景下，个体的自我意识被进一步放大，但同时村民的权利边界意识模糊，不懂得如何平等利益交换和正确维护自身权益，也不懂得资源共享和寻求互惠合作，从而导致乡土公共性不断衰弱，乡村治理问题重重。村民在权利边界上的模糊认知导致个体对自由和权利的追求转变为极端的个人主义，进而导致社会关系的紧张乃至破裂。

（三）市场法则下的利益导向

乡村社会个体化使村民摆脱了宗族、集体的束缚和特定共同体道德规范的约束，但也将人们推向了独自承担市场风险的漩涡。市场逻辑"把所有的人际关系都纳入以强调自我利益、自我优先权为导向的模式。由相互理解和相互承认而结成的社会纽带，已经被自身功利最大化的选择和行为方式所摧毁"[1]。在市场法则的裹挟下，村民价值观念日趋世俗和理性，追求个人利益最大化成为行动的唯一标准。部分村民法律意识淡薄，道德信仰模糊，为达目的可以不择手段，对传统道德规范和公共舆论失去了敬畏之心。由此，乡村个体沉浸在追求自我满足和享乐中无法自拔，乡村人际关系逐渐淡漠。

---

[1] 贝克，格兰德.世界主义的欧洲：第二次现代性的社会和政治 [M].章国锋，译.上海，华东师范大学出版社，2008：288.

第二节 个体化进程中的乡村社会关系变迁

在中国式现代化的进程中，中国乡村正经历着一场剧烈的社会变革，个体化现象的产生是现代化进程中社会结构和价值观念变迁的结果。乡土公共性衰落与个体化息息相关，个体化导致了乡土公共性的衰落，给乡村发展和治理带来了挑战，因此从乡村个体化视角审视当代中国乡村发展与乡村治理等一系列问题，分析中国乡村个体化的产生、发展及其影响，理解中国乡村社会个体化的本质内涵，对重构乡土公共性，规避个体化对乡村发展及治理的负面影响具有重要的现实意义。

社会关系是人们在生产、生活活动中形成的相互关系的总称，包括人与人之间的一切关系。对乡村社会关系的考察是研究乡村社会个体化变革的重要前提和基础，也是研究乡村社会文化和乡村治理问题的基础。本节主要是分析个体化对乡村社会的地缘关系、血缘关系产生的影响及其机制，探讨个体化进程中乡村个体与家庭成员、亲属、村民之间的关系，寻求乡村社会个体化进程中的公共性重构路径。

一、乡村社会的血缘关系

血缘关系是基于婚姻或生育而产生的人际关系，是以血脉或生理联系为基础形成的社会关系。在中国乡村社会，时代的变迁、经济的发展赋予了血缘关系新的内容，其地位与作用也发生了重大变化。代际关系、婚姻关系、家庭关系、亲属关系是血缘关系的主要内容，在乡村社会仍然发挥着重要作用。

（一）代际关系

代际关系是基于血缘关系产生的家庭关系，是社会成员之间最基本的关系，通常是指父辈与子女的关系。费孝通在20世纪80年代提出了一个反馈模式论，该理论认为，代际关系在根本上就是一种社会关系的"接力"与"反馈"，只不过中西有别。西方的代际关系表现为接力模式，上一代养育下一代，而下一代成年后并不赡养上一代。中国的代际关系则为反馈模式，父辈生儿育女，子女则理所应当地承担赡养的义务。随着市场经济的发展和城市化进程的推进，乡村社会的血缘关系逐渐淡化，代际关系的功能不断弱化，乡村社会的社会关系开始失调，个体化意识的崛起正深刻改变着传统的中国乡村社会结构。

1. 村庄共同体的衰落

共同体是一种基于共同价值观、信仰、目标或利益而形成的组织或群体，我国传统乡村社会构建的家族共同体、村庄共同体在城市化进程中逐渐趋于松散或解体，这从农村地区的孝道衰落、生育观念变化等现象中可以得到印证。

从家族共同体来看，随着村庄的衰落，家族共同体已趋于解体。新中国成立以前，儒家文化保持得相对完整，大多数农村地区还保存着较为强烈的家族观念和对祖先的崇拜信仰。人们通过一系列活动和仪式及其所承载的意义，维系着家族共同体的团结和祖先崇拜不可动摇的信仰地位。[1] 新中国成立后，这种情况经历了两次大变革。一是集体化时期的国家力量强势介入私人领域，摧毁了祖先崇拜的组织基础，宗族观念、父权权威遭受重大打击。二是在城镇化进程中的人口流动，使曾经封闭落后的乡村社区逐渐趋于开放、流动，农民从原本基于地缘性、血缘性建构的共同体中脱离出来，对家族共同体的依附性不断弱化，相应地，家族所能带给个体的荣耀与地位在这种弱依附关系中被屏蔽，代际关系的功能在这一过程中被不断消解。

在家族共同体、村庄共同体构建的传统乡村社会里，家族和村落是村民生产生活的场域，他们生于斯长于斯，人际交往互动频繁。在这个封闭而平静的乡村世界共同体内，更容易形成公共舆论，村庄共同体通过公共舆论和契约精神实现对村民的规训。如对不重孝道、有悖道德伦理的行为，村民的背后议

---

① 张良.乡村社会的个体化与公共性建构 [M].北京：中国社会科学出版社，2017：49.

论、刻意疏远甚至拒绝交往，家族长辈的公开指责和惩罚等，都会对悖逆者产生强大的心理威慑，进而发挥公共舆论的调节作用，规范村民的行为，从而维系村庄共同体的稳定有序运行。但随着城镇化、现代化进程的不断推进，松散的村庄共同体逐渐走向没落并趋于解体。乡村社会的开放与流动，乡土团结的日渐式微，使村民之间的日常交往变得稀疏，乡村社会关联不断降低，村民对村庄内各种有违伦理道德的现象置若罔闻，村庄公共舆论陷入一种集体沉默。从某种意义上说，乡村公共舆论的去村庄化，是城镇化、现代化进程中的必然趋势。事实上，村庄即便形成公共舆论，对悖逆道德伦理行为的约束力也极为有限，因为悖逆者可能并不常住村内，或可以选择离开村庄外出生活，村庄共同体内形成的公共舆论很难对他们的声誉和人际交往产生实质性影响，由此村庄共同体不断走向没落，村庄的传统公共规则趋于解体。

2. 农民观念的改变

随着我国新农村建设的全面展开和移动传播与乡村社会的深度融合，新农人的思想观念发生了深刻变化，传统的道德与社会角色评判标准也发生了根本性的变化，传统的孝道思想、生育观念、社会典范等的评判标准都发生了颠覆性的改变。

（1）孝道衰弱。笔者曾在湖南、四川、福建、广西、陕西、甘肃等省份进行乡村调研，对这些省份的20个自然村的发展现状进行了深入了解，发现当前农村地区的养老问题十分突出，大多数村庄都普遍存在老年人生活境况堪忧的现象，这背后有乡村外出务工人员的辛酸和无奈，但也存在子女对父母不孝、晚辈对长辈不尊的残酷现实，费孝通先生的"反馈"模式在一些村庄选择性隐退。如果说人们对以陪伴为尽孝方式的孝道不以为意尚可理解的话，那么本已建立在陪伴基础上的孝道沦丧则让人难以释怀。孝道的衰弱，折射的是乡村共同体趋于解体、祖先崇拜信仰坍塌下的农民思想观念的改变。传统文化中的"首孝悌"不再备受推崇，祖先崇拜信仰不再那么神圣，父权不再那么权威。以孝道为基础衍生出的民间祭祀活动常被归于迷信活动的范畴。

移动互联网对乡村社会的深度渗透，使农民的信息获取与更新、文化水平的提升和思想观念的变革发生了深刻变化，并进一步形塑现代乡村社会的文化形态与公共空间。类宗教意义的天道轮回、神明惩罚等传统文化所具有的意识上的牵制力和行为上的约束力式微，"活在当下""为自己而活"的个体化意识成了当代农民的思想主流。对现代乡村社会现状的考察也许有些片面，情况描述过分严重，但这些变化的发生却客观存在，也并非个别现象。随着个体化进程在乡村的蔓延，这种发展趋势愈演愈烈，虽然城镇化进程中的个体化趋势无法阻挡，但孝道的衰弱本不应成为这一进程的必然产物。因此，乡村社会以网络公共空间为载体再造公共舆论，重振公共精神，重建乡土公共性显得尤为紧迫。

（2）生育的文化意义消解。在现代乡村社会，人们的生育观念发生了很大变化：从传统的"养儿防老"到"生男生女都一样"，很多年轻父母会量力而行，不再刻意追求"多子多福"。这种观念的变化，固然有中国多年以来计划生育观念宣传的影响，但更是当代农民主体意识觉醒和个体化意识崛起的现实体现。探究农村生育问题的内在动因，可以从生育所蕴含的文化意义来寻求，这就需要首先分析生育动机。

对生育动机的解释，最为普遍的有两种：一是生育的类宗教意义——传宗接代、延续香火。二是生育的功效意义：提供劳动力和养儿防老。[①] 生育的类宗教意义是农民对生育的类似宗教信仰般的朴素情感。长久以来，受传统儒家文化的熏陶，农民对传宗接代、延续香火的生育意义建立起了一种图腾般的信仰，"不孝有三，无后为大"的思想在人们的观念中根深蒂固，由此乡村社会得以延续和繁衍生息。生育的功效意义在于劳动力的稳定输出，多生才能增加家庭劳动力，进而带来家庭生活水平的改善和提高。当父母年老体衰时，子女在身边照顾并养老送终是父辈对子代付出的价值回报，将成为一种荣耀资本

---

① 张良. 乡村社会的个体化与公共性建构 [M]. 北京：中国社会科学出版社，2017：53.

和乡村谈资，这对家庭乃至整个家族而言都意义重大。同时，多生能降低家庭面临的社会风险和竞争压力，农民的忧患意识在生育动机上体现得十分明显。当然，也不可否认情感需要对生育动机的影响，父辈在与子女的情感交流中获得的爱与归属感，也属于生育的功效意义之一。

在乡村调研中，笔者发现，在现今的许多乡村地区，年轻父母们的生育意愿远不如父辈那般强烈，对子代性别的态度也更为中立、理性，不像父辈那样具有明显的意愿趋向，而是生男生女都无所谓。从文化的角度来看，生育的文化意义不断消解是主要原因。

首先，生育的类宗教意义趋于解体。国家力量对私域的生育行为进行强力干预，改变了村民对生育的类宗教意义的传统认知，他们已接受被内化节制生育的观念，并在其支配下重构生育的现实意义与文化意义。作为"80后""90后"一代的年轻夫妻，他们正处于公域力量形塑的乡村社会结构和社会关系中，他们已经习惯了国家生育政策卜的家庭结构、社会结构和人际交往，在他们的认识中，这种社会结构和关系网络是正常的、合理的，但这背后却折射出传统生育文化意义的解体。但也要看到，随着乡村社会城镇化进程的快速推进，现代乡村女性主体意识的觉醒与话语权提升，对生育也产生了较大冲击。乡村女性不再屈从于父权的权威，不再甘作男性的附属品，她们积极参与社会生产与分工，"为自己"而非"为他人"的主体意愿表达十分强烈。当然，家族共同体约束力的减弱和村庄公共舆论压力的减小，也是影响他们生育观念的重要因素。

其次，生育的功效意义不断松动并趋于解体。传统农业社会由于生产条件、生产技术相对落后，对优质劳动力的渴求成为农民生育意愿最大的驱动力。随着科技的进步和社会经济的发展，特别是城镇化、现代化进程的不断推进，开放、流动与异质的乡村社会，空心化、疏离化的趋势加剧，传统乡土公共空间日渐衰落。在此情形下，乡村对劳动力的渴求不再，大量农村人口流向城市并与之融合，城乡差距不断缩小，乡村社会的虚空化进一步加剧。当城乡群体的生育观念不断趋同，留守乡村的父代对此却无能为力时，他们只能被动地在个体意识的剥蚀下选择妥协和沉默。由此，农民试图从历史和传承中寻求生命价值和意义的努力终究无法摆脱被现实撕裂的命运，生育的功效意义也不可避免地被不断消解。家族内部传统的规范和约束力量在逐渐减弱，同时村庄中公共舆论的影响力也在降低，这种变化在某种程度上对他们的生育观念产生了影响。

（3）社会典范的评判标准改变。在小农经济时代的乡村社会，勤劳朴实、孝亲敬老、精打细算等品质成为评价个体的重要标准，孝道更是成为评判个体的道德准则，而经济地位的高低对人们评价社会典范的作用十分有限。市场经济时代的乡村社会，个体化意识的崛起使这种评价体系与指标发生了根本性改变。孝道不再是衡量一个人成功与否的重要标准，农民勤劳俭朴、精打细算、勤俭持家等优秀品质在市场经济的冲击下，变得无足轻重和苍白无力，甚至常常被贴上保守、能力低下的社会标签。赚钱能力强、经济地位高的人越来越受到人们的尊重和羡慕，即使这种"经济能人"光环的背后是对社会道德规范和准则的公然践踏，也会被人们选择性无视。在这种新的社会典范评判标准之下，经济能力的示范效应被放大，传统的道德准则不再被推崇，公共舆论对个体行为的约束力不断下降，个体化进程中的社会典范评判标准变化，颠覆了人们既有的道德尺度与价值标准，并以此为结构规律编织着新的乡村社会关系网络。随着社会的发展和变迁，乡村社会关系的本质变化不仅仅体现在结构上，更重要的是体现在人际交往的规则以及评价个人地位和等级的标准上。从某种意义上说，当前乡村社会关系最为本质的变化或许并不是关系结构的变化，而是人际交往的规则和等级高低评判的标准发生了深刻变化。

（二）婚姻关系

婚姻是人与人之间的一种特殊的社会关系，一桩婚姻的产生，意味着社会中男女两性共同建立的一个家庭共同体的诞生，这个共同体对个人的生产生活、夫妻关系、生育观念等影响巨大，甚至深刻影响乡村社会结构的发展与变迁。从改革开放到21世纪初，乡村的婚姻关系发生了深刻变化，在广大乡村地区，人们的择偶标准、婚姻仪式流程、夫妻双方的家庭与社会地位等都发生了巨大变化。择偶标准上从看重家庭的社会地位到越来越多关注个人性格与素质；婚姻仪式与流程从传统复杂的乡俗仪式向现代简约的婚姻仪式转变；夫妻双方的家庭与社会地位从"男主外、女主内"的传统格局向"男女各顶半边天"转变；父权观念不断松动并解体，女性的家庭与社会地位明显提高，女性当家变得较为普遍。随着中国社会现代化、城镇化进程的发展，乡村社会急剧转型，乡村婚姻关系发生了新的变化，乡村"原子化"和家庭"小型化"使原有家庭结构中以父子关系为核心的家庭关系被夫妻关系取代，夫妻关系成为家庭关系的主轴。

1. 通婚圈的流动与扩散

改革开放对中国社会经济发展产生了广泛而深刻的影响，对乡村社会结构、社会关系的形成与发展也产生了巨大冲击。就婚姻关系而言，随着打工经济的兴起和人口流动的不断增强，广大乡村地区原本局限在本地区的通婚圈向周边地区乃至省外地域辐射并不断扩散。根据国家卫健委公布的数据显示，我国2022年流动人口数量达2.47亿人，数量十分惊人。在这一庞大的流动人口群体中，就包括了数以千万计的适婚人口。

传统意义上的乡村是相对封闭、静止的，这一特点在通婚圈同样如此。但现代化进程中的人口流动扩大了乡村群体的工作与生活范围，对于适婚的年轻人而言，他们的交友圈和婚恋圈范围也随之发生了变化，通婚圈的地理范围在不断扩大，跨省通婚现象在如今的乡村较为常见，甚至存在跨国婚姻。通婚圈的扩大促进了乡村与外界的交流与融合，但也给乡村社会的传统婚姻规范带来了新的挑战。文化和社会观念的多元化，跨文化婚姻的适应性等问题，往往导致不同地域的文化、习俗在婚姻规范中难以达成一致，这种冲突又反作用于乡村传统的婚姻规范，使之在这种冲突和融合中不断更新、变异或妥协，对流动人口跨地域婚姻的约束力也不断弱化。

2. 婚姻关系中的男女结构失衡

随着乡村通婚圈的扩大，乡村男女在婚姻关系中的均衡结构被打破，夫妻在家庭中的角色地位也随之发生显著变化。城镇化的发展与打工经济的兴起掀起了乡村青壮年群体的进城务工潮，开放、流动的通婚圈取代了乡村静止、封闭的通婚圈。通婚圈的扩大对乡村年轻适婚群体产生了巨大影响，男性婚配对象脱离本地区的趋向较为明显，而女性在这波通婚圈扩大化运动中获得了更多优势，因为女性通过婚姻相对更容易从乡村流动到城镇。通常情况下，受传统"从夫居"思想的影响，大部分农村男性仍然倾向于在本地区选择对象，通过婚姻流动到城市的男性相对较少。随着部分适婚女性通过婚姻方式流动到城市或经济优越的乡村地区，乡村的适婚男性越来越多，出现了男多女少的局面，从而导致了乡村婚姻关系中的男女结构失衡。对大部分乡村年轻男性而言，要解决个人婚姻问题，丰厚的彩礼、盖新房等是进行竞争的必备选项，又或者外出务工在扩大的婚姻圈中寻找机会，而这进一步推动了乡村人口的外流。

当前乡村婚姻关系中的男女地位发生了很大变化：女性地位大幅提高，甚至女性当家的现象也越来越普遍。而过去的"男主外"传统也被彻底打破，大部分男性会从事家务劳动甚至承担大部分家务，这种现象的出现，与乡村婚姻关系中的男女结构失衡不无关系。乡村地区婚姻关系中的男女地位变化是一个渐进和累积的过程，这一过程是农村妇女不断挣脱传统伦理、道德与规范桎梏的奋斗过程，是妇女获取个体主体性和独立性的演进过程。新中国成立到21世纪以来，乡村女性从家庭私域走出来，主体意识不断觉醒。互联网经济的"去中心化"为女性提供了更为宽松和便捷的社会环境，越来越多的女性活跃在电商平台和社交网络，她们对男性的经济依附不断降低并具有相当程度的经济独立性，乡村婚姻关系中的夫妻地位呈现出反传统、个性化、平等性的新面貌。

3. 传统婚姻规范的解体

传统婚姻规范是建立在婚姻关系中的社会规范和道德准则，规定了夫妻之间应该遵循的道德规范和行为准则，对维护乡村社会婚姻关系的稳定持久具有十分重要的作用。随着乡村社会婚姻关系中的男女地位变化，传统婚姻规范逐渐失效并趋于解体。伴随着城镇化进程的持续推进，人口流动增加和城乡加速融合开启了中国乡村社会的个体化进程，农民走出了传统村落，原有的地方性规范对个体失去了强大的约束力，个性和自由得以凸显，个人主义开始盛行。标志着乡村传统婚姻规范解体的一个典型现象，便是离婚人口的增多。

笔者在五省20个自然村的调研中发现，几乎每个村庄都有离婚现象，部分村庄离婚现象还较为突出。在访谈中有一位被访者谈道，他的三个女儿有两个离婚了，他的两个侄女、一个侄孙也离婚了，其家族中离婚的有五人之多，这种状况在传统婚姻规范盛行的时代是难以想象的。传统时期的农村，受传统观念和婚姻规范的约束，离婚现象较为稀少，离婚会被视为有损个人名声和丢脸的事，无论是男性还是女性，离婚若想再婚都很困难，乡村舆论对婚姻关系中的双方会产生强大压力，离婚者会被塑造为失败的、糟糕的形象，鲜少有人将离婚者纳入通婚范畴。故此，传统的乡村社会离婚现象较少。夫妻双方虽经常闹矛盾，但也会各自寻找合适的相处之道，努力扮演好各自在婚姻中的角色，以理解、包容和迁就的态度维持婚姻关系的稳定与和谐。

当下的乡村社会，离婚现象却较为普遍。道德规范的深刻变化是主要原因之一。虽然离婚现象增多的现实原因是多方面的，如长期两地分居导致感情破裂，离婚成本越来越低、程序不断简化、公共舆论对离婚现象的宽容等。但要看到离婚现象的背后，是个体婚姻观念的变化和婚姻规范的解体。当部分个体能以较低成本实现对婚姻关系中的个性和自由的追求时，传统婚姻规范对个体的规范性力量就会不断萎缩。"个体把自己的兴趣、利益、经验和打算都纳入家庭，每个个体都得屈从各种控制、风险和限制……这种联系在一定范围或程度上已经不再像以前那样强调义务和持久。"① 当婚姻关系中的双方均以自我

---

① 乌尔里希·贝克，伊丽莎白·贝克—格恩斯海姆. 个体化 [M]. 李荣山，范譞，张惠强，译，北京：北京大学出版社，2011：101.

为中心，不再视婚姻为一种直至终老的结合关系时，婚姻关系中忠诚的现实价值被消解，财产的分配成为关注的焦点，家务的分担可能成为压死骆驼的那根稻草，婚姻关系中的契约精神将荡然无存。

在乡村社会的个体化进程中，农民个体摆脱了传统婚姻规范的约束，其自我意识与独立人格获得了社会的普遍尊重和认同。但也应看到，从传统婚姻规范中解放出来的农民，从家庭共同体获取的安全感和归属感却变得越来越少，而需要独自承担的各种社会风险却会明显增加。

4. 再婚和选择性家庭关系网扩大

乡村传统婚姻规范解体的背后是离婚现象越来越多。许多离婚者会以再婚或与人同居的方式建立新的家庭关系，他们的再婚对象也是离异者，甚至可能有自己的孩子。因而，越来越多的再婚家庭成为一种二元文化的杂糅体，同一屋檐下的两种家庭文化的碰撞与交融，让这个有组织的新联合体变得更为复杂，但其家庭内部关系仍然会达到一种相对平衡。两个家庭成员的不同价值观、规则和生活习惯，会尝试在共处中寻求平衡的结合点，从而维持再婚家庭的关系结构并不被其排挤在外。

这种拼凑组合的再婚家庭对子女的影响尤为明显，复杂的家庭关系结构使孩子对家庭关系的处理变得艰难、敏感而无所适从。家庭中的每个成员都有"谁是属于这个家庭的"的疑问，也都有关于"谁才属于这个家庭"的定义。正如贝克所说的那样："家庭由此也就不再有单一的定义——在离婚和新关系的情况下，某些方面失去了原来的含义。相反，每个家庭成员都有关于'谁才属于这个家庭'的定义，每个人都有他们对组合家庭的看法。"①

现代家庭生活的实质是日常生活的展演，平衡并协调日常生活是维持稳定家庭结构的关键，对再婚家庭也同样如此，只不过维系家庭关系的纽带会变

① 乌尔里希·贝克，伊丽莎白·贝克—格恩斯海姆. 个体化 [M]. 李荣山，范譞，张惠强，译，北京：北京大学出版社，2011：110.

得极为脆弱，一旦达成一致的努力归于失败，家庭就会陷入巨大的破裂危险之中。对乡村的离异个体而言，重新寻求新的伴侣共同生活或组建新家庭，是他们对安全、爱与归属的渴望。于再婚家庭而言，传统的血缘和婚姻不再是家庭关系的决定性因素，源自婚姻的社会关系的持续才是决定家庭关系的关键，而且这种接续是一种可以选择的行为。虽然在法律上婚姻关系的解除意味着曾经的亲密关系也随之消失，但就个人层面而言，家庭关系、亲属关系却取决于个人的倾向与偏好。当人们面临选择时，每个人都会有自己的偏好和衡量标准，每个人都更倾向于按照个人偏好来编织家庭的关系网，甚至包括对亲属关系的远近亲疏的排序。可见，再婚家庭建立在个人偏好基础上的亲属关系充满着流动性和不确定性，但这张家庭关系网一旦形成，即便婚姻关系解除，亲属关系的范围也会扩大。不过，在此过程中，亲属关系变得更为淡薄和更依赖于人际合作与外部环境，这种联系虽然非常弱，但形成了一个更为宽泛的亲属关系网。

（三）亲属关系

1.人口流动与关系疏离

亲属关系是由婚姻关系、血缘关系或收养关系而产生的人与人之间的关系，此处所指亲属关系主要指基于婚姻关系和血缘关系而产生的亲属之间的关系，包括血亲和姻亲两方面。随着农村城镇化进程的发展与推进，在打工经济的刺激下，传统村庄中的年轻群体大量涌入城市，掀起了一股进城务工潮，农民的身份和角色发生了变化，农民工、打工人成为他们的新标签。随着生活圈向城镇的转移，农民的社会关系网络更多指向了乡村以外的他人，传统的亲属关系变得相对疏远和松散起来。

传统意义上的亲属关系是"差序格局"式的，在这一格局下，每个人以自己为中心结成网络，正如费孝通先生在《乡土中国》里所描述的那样："就像把石头丢在水面上所发生的一圈圈推出去的波纹。每个人都是他社会影响所推出去的圈子的中心。被圈子的波纹所推及的就发生联系。每个人在某一时间某一地点所动用的圈子是不一定相同的。"① 与西方社会的"团体格局"不同，中国传统乡村社会所形成的亲属关系，是这种丢石头形成同心圆波纹的性质。这种亲属关系以生育和婚姻结成关系网络，根据血缘关系和婚姻关系的远近亲疏不断向外扩展，如同蜘蛛结的网，中心就是每个人自己。个体就如同这块石头，它的质量及入水位置决定着其亲属关系的远近亲疏，而且很难轻易改变，而人们在这个既定关系网络中的交往互动，又进一步维系和巩固着这种亲属关系。

新中国成立后，随着国家力量对私域的强力介入，父权日渐衰落，女性主体意识崛起，女性的家庭和社会地位大幅提高，夫妻关系成为家庭关系的核心，以婚姻关系为基础建立的亲属关系的重要性得以凸显，并通过互动的礼节性加以维持。从改革开放到21世纪以来，传统意义上静止封闭的乡村社会日益走向流动与开放，人们的社交关系网络不断扩大，乡村社会年轻的外出务工群体日益增多，人们基于血缘、业缘等建立起的互助关系成了更为亲密和重要的人际关系。反倒是原本建立在血缘关系和婚姻关系基础上的较为稳固的亲属关系却渐行渐远。

2."差序格局"的解体与亲属关系的扁平化

根据费孝通先生在《乡土中国》中对"差序格局"的解释，可以把"差序格局"理解为人际关系中，人们根据亲疏程度和远近关系，形成的一种有层次、有等级、有差别的关系网。"儒家最讲究人伦，所谓'伦'就是从自己推出去和自己发生社会关系的那一群人所发生的一轮一轮波纹的差序。'伦'重在分别，鬼神、君臣、父子、贵贱、亲疏、赏爵、夫妇、政事、长幼、上下，都是指差等，伦是有差等的次序。"② "差序格局"所建构的社会结构是一个富有伸缩性的社会网络，在这个网络中是以"己"为中心的。不同于西方社会的个人主义和宪法观念，在中国传统思想里，一切价值都是以"己"为中心的自我主义。③

---

① 费孝通.乡土中国 [M].上海：上海人民出版社，2007：28.

② 费孝通.乡土中国 [M].上海：上海人民出版社，2007：30.

③ 费孝通.乡土中国 [M].上海：上海人民出版社，2007：31.

在当代开放、流动的乡村社会，传统亲属关系中的等级差异与礼治秩序面临解体。随着现代化进程的加快和移动互联网时代的兴起，媒介化乡村的出现深刻地改变着原有的村庄共同体，在一定程度上削弱了地理距离对亲属关系的影响，基于血缘和婚姻构建的亲属关系及其人伦规则的重要性大大降低，源自同学、同事、朋友，甚至是短视频平台、网络互动平台等社交平台拓展的人脉关系和交往圈子，成了人们主要的社交圈子。当亲属关系不再显得那么重要，维系"差序格局"的伦理规范、舆论及奖惩机制等对他们的约束力也将不断减弱。由此，乡村社会的亲属关系在礼节上仍保持着原有的体面与尊重，但实际上人们的思想早已浸润在个体化潮流之中，每个人都有自己的价值判断与行为标准，长幼尊卑、权威意见不再对人们的观念与行为具有规范性、约束性的影响力，乡村社会的亲属关系日益趋向扁平化。"差序格局"的解体与亲属关系的扁平化折射出乡村社会个体化发展的趋势，也是乡村社会结构和文化观念变迁的必然结果。

3. 亲属关系的理性化与物质化

亲属关系的理性化与物质化是指人们逐渐摒弃传统的、基于情感与习俗的亲属关系处理方式，转而运用理性的思考和物质利益的考量来处理家庭和亲属关系。理性化体现在对个人权利与自由的尊重、家庭责任的明确划分和家庭关系的平等对待等诸多方面，物质化则主要体现为物质条件对亲属关系的影响，其实质是经济因素在亲属关系的亲疏远近中起着决定性作用。改革开放和市场经济的兴起，给乡村社会带来了深刻的变革，在市场化浪潮的洗礼下，村民的思维方式也产生了巨大变化。随着乡村社会日趋流动与开放，城乡文化的互动不断增强，乡村人口大量外流，传统的以亲属关系和地缘为基础的生产生活方式也在发生变化，虽然人们在亲属关系中的感情与利益之间无法划分清晰的界限，但毋庸置疑的是，亲属之间的人情关系正逐渐失去其纯粹性，而是掺杂了理性与利益的成分，甚至某些时候取代了情感因素。当人们突然发现建立在亲属关系基础上的社会支持网络已不再像过去那样可靠时，就不得不将目光投向更广阔的市场活动和国家政策。

二、乡村的社会关系

代际关系、婚姻关系和亲属关系是乡村比较特殊而亲密的社会关系，一般意义上的乡村社会关系是村民间基于地缘、血缘、业缘等形成的社会联系，这些关系构成了乡村社会的基础，影响着村民的日常生活和社区的运作。传统的乡村社会关系强调的是共同体意识和互助合作，村民之间有着较为紧密的联系。

随着城市化的推进、乡村经济的发展以及信息技术的普及，当代乡村社会关系发生了显著变化。乡村社会的开放性增强，村民的流动性增加，传统的社会关系网络正经历着深刻的变革。年轻一代村民们的价值观和行为方式也发生了深刻变化，他们越来越倾向于追求个人发展和物质利益，这导致了代际价值观差异和冲突。同时，婚姻关系中个人选择的自由度提高，亲属关系的紧密度可能有所减弱。此外，乡村社会的"差序格局"可能逐渐被平等、契约型的社会关系所取代，社会关系的内核区域可能不再像过去那样明显。总之，当代乡村社会关系正从传统的、以血缘和地缘为基础的紧密联系，逐渐转变为更加多元和开放的社会网络，因此，需要乡村社会适应新的社会关系模式。

（一）传统时期"差序格局"下的等级划分

费孝通提出的"差序格局"是对传统乡村社会关系的理想型概括，强调了中国传统社会中人际关系的等级性和序列性，指出社会成员之间的关系并非平等，而是根据家族、年龄、性别、地位等因素形成的一种有序的等级结构。"以'己'为中心，像石子一般投入水中，和别人所联系成的社会关系，不像团体中的分子一般大家立在一个平面上的，而是像水的波纹一般，一圈一圈推出去，愈推愈远，也愈推愈薄。"[①] 在"差序格局"下，每个人都有其特定的社会位置，而个体的行为和义务也受到其在社会结构中位置的制约。

---

① 费孝通. 乡土中国 生育制度 乡土重建 [M]. 北京：商务印书馆，2011：28-29.

　　"差序格局"体现了中国传统社会的伦理道德和社会规范，对理解中国乡村社会的组织方式和人际互动具有重要意义。从亲疏关系的维度看，人与人之间的关系如同一个由中心向外辐射的同心圆结构，中心即为个体自身。随着圆圈的扩大，关系的亲密度逐渐递减，而这一亲疏关系的衡量标准就是血缘关系。从社会等级的视角看，个体之间存在着明显的长幼、尊卑、上下之分，划分的依据主要是人伦关系，并通过伦理道德、资源分配、奖惩制度以及社会流动等机制得以体现。[①] 因此，"差序格局"是一个多维度社会关系网络。在传统的乡村社会，人们自出生起便被嵌入这一复杂的社会关系网络中，遵循着以他人为中心、以长辈为尊、以责任为重的伦理原则。这种伦理本位的社会结构，深刻影响了乡村社会的交往方式和行为规范。在当代乡村社会，人情往来是维系社会交往的主要方式，超越了简单的长幼有序、尊卑有别，人们深受礼尚往来的观念影响，接受他人的人情，就会在未来的某个时刻偿还更重的人情。这种类似人情"债务"的累积与流动，加强了村民间的情感联络，推动了乡土团结与认同的形成。

　　乡村社会关系的本质变化主要体现在人际交往规则和等级判断标准的深刻变革。现代乡村社会的人际交往规则发生了重大变化。人们越来越强调个人的利益诉求和权利，而忽视社会整体利益和公共利益。这种变化既反映了村民价值观的演变，也与个体化的发展息息相关。对村民而言，尽管社会交往的焦点转移，在尊重传统伦理的基础上平衡个人利益与他人权益，维护良好的人际关系依然重要。在传统的乡村社会，等级划分并非单一维度的，而是综合了多种因素。道德、知识、财富和权力都是衡量个体社会地位高低的标准，道德在其中处于核心地位，某种因素一旦与道德结合，就能成为判断个人社会地位的唯一标准。随着现代化进程在乡村社会的持续推进和个体化的发展，乡村社会

---

① 阎云翔. 差序格局与中国文化的等级观 [J]. 社会学研究，2006（4）：201-203，245-246.

对社会地位与成功的评判标准越来越单一。财富和权力的多寡是能否获得他人尊重和认同的决定性标准，而且两者可以相互转换和利用，而道德的力量、知识的价值却不再受重视。这种现象反映了村民对权利与义务关系的态度转变，体现了个人主义至上的价值观。

（二）集体化时期的阶级划分

集体化时期，中国社会形成了所谓的"总体性社会"。这一时期，国家对政治、经济、文化等各个领域实行全面管控，社会结构高度集中和统一，个体的自由和权利受到很大限制，服从国家整体利益是最高准则。与此同时，社会被划分为不同的阶级，每个阶级都有其特定的社会地位，形成了以"阶级本位"为核心的社会结构和意识形态。国家力量通过阶级斗争实践，巩固了社会主义革命的成果，并推动社会主义建设的进程。

当国家权力尚未直接干预乡村社会时，族长、乡贤、德高望重的长者是村庄内生权威，村规民约、家法族规以及社区习俗维系着乡村社会秩序。到了集体化时期，乡村社会呈现出一种特殊的形态，国家权力渗透到乡村生活的各个层面，阶级身份成为决定个人命运的关键因素。这种情况在新中国成立后又发生了很大变化。随着土地改革的深入，国家积极引导农民通过互助组、合作社和人民公社等形式，实现了乡村社会的集体化转型。国家权力直接渗透到乡村社会的每一个角落，并控制着农民生产生活所必需的物质资料，从而对农民产生强大的支配力，形成了庇护——依附的"总体性社会"。[1]集体化时期的阶级成分划分，其实质是对资源的重新分配，并建立新的社会等级结构。不同的成分意味着利益分配的差异，在升学、入党、参军和工作分配等方面有不同的待遇。阶级成分已经超越了血缘关系和地缘关系，在一定程度上淡化了农民

---

[1] 孙立平，王汉生，王思斌，等.改革以来中国社会结构的变迁 [J].中国社会科学，1994（2）：47-62.

的家族观念。①

（三）改革开放后"差序格局"的复苏与趋于理性

改革开放以后，国家权力逐渐从乡村退出。包产到户的实施使农民获得了土地的经营权和收益权，能够自由支配自己的劳动力，减少了对集体的依赖。同时，市场经济开始在乡村发展并蔓延，农民价值观日趋理性和世俗，成分意识逐步淡出人们的观念。国家权力退出乡村的同时，根深蒂固的文化和社会结构依然影响着人们的行为和互动方式，乡村社会的一些传统因子悄然复苏，家庭关系、亲属关系重新回归到农民日常生活中，"差序格局"焕发出新的生命力。

"差序格局"可以描述传统乡村社会人际关系的等级性和序列性。在相对封闭和静止的乡村社会，人际关系根据家族、地位、年龄等因素来确定，形成了一种固定的、层次分明的社会秩序。然而，随着乡村社会的转型和进一步开放，传统的"差序格局"已难以解释当前复杂多变的社会关系。分析乡村社会关系，必须充分考虑城乡流动和乡村人口大量外流等动态因素的影响，以及这些因素在不同地区和不同社会群体中表现出的差异性。实际上，乡村社会目前正处于一个复杂而多变的转型期，面临城镇化、市场化、信息化的多重冲击，随着现代文明向传统乡村社会的大规模渗透，国家的乡村治理方式也发生了深刻变化。乡村社会关系的形塑是一个复杂的过程，深受市场、国家和城市等多方面因素影响。为了全面理解这一过程，我们必须将乡村社会关系置于更广阔的背景中进行审视，包括城乡关系、国家与农民的互动，以及传统与现代的交融等多个维度。要全面展现乡村社会关系的动态变化，还应采取多维研究方法，深入分析乡村社会关系结构，揭示社会关系的演变过程，并结合历史数据和实地调研预测其未来发展趋势，为政策制定和乡村发展提供科学依据。

---

① 徐勇. 阶级、集体、社区：国家对乡村的社会整合 [J]. 社会科学战线，2012（2）：169-179.

第三节 个体化进程中的乡土公共性重构

乡村社会的个体化使农民逐渐从传统的宗族和村庄共同体的束缚中解放出来，拥有了更广阔的生存和发展空间。然而，这种个体化也伴随着乡村共同体归属感的减弱、安全感的丧失、社会关系的理性化以及社会信任危机，个体在市场法则的压力下将独自承担更多的社会风险。同时，村民更加注重自我价值的实现，追求"为自己而活"的生活方式。市场经济对乡村社会的深度渗透，主导了村民趋利的价值建构与追求，在利益的驱动下，村民的个人意识显著增强，乡村社会关系日趋功利化、工具化。地方性道德准则与行为规范逐渐失去其原有的约束力，乡村社会的个体化进一步加剧。个体化的发展不仅削弱了乡村社会的内在凝聚力，还使农民在面对市场风险时难以形成有效的集体防御，也不能在公共领域权益的争取中形成合力，重构乡土公共性步履维艰。面对乡村社会个体化带来的集体割裂、社会无序和极端个人主义，农民也无能为力。重建乡土公共性，需要政府、社会和乡村主体形成合力，只有通过资源整合和促进乡土合作，鼓励参与村庄公共事务、加强政策支持和保障等，才能有效应对乡村社会个体化带来的挑战，重建乡土团结。

所谓公共性，在宏观层面可以理解为一种超越了个体和家庭层面、动员社会成员参与公共事务的组织性力量、凝聚性权力和权威性认同。重构乡土公共性，需要强化乡村个体的组织协作能力，促进村民间的合作与互助，确保乡村发展的主体地位。在微观层面，公共性意味着个体在追求个人目标时，必须考虑到与他人、团体和社会整体的联系、考虑到可能带来的后果与所负的责任，要注重维护和促进公共利益，实现个人与社会的和谐共处。

个人命运与社会公共生活紧密相连，个体利益与公共利益不可分割，在复杂的社会关系网络中，个体扮演着多重角色。超越个人局限从公共视角来审视，个体在保持自身独立的同时应清晰地认识到，公共交往是个体无法回避的生活方式，而公共空间和公共服务是个体追求私人空间和权利自由的支撑和保障。作为社会的个体应积极投身公共领域，主动与他人建立联系，在沟通、交流和讨论中达成共识，形成公共规则，并将此作为个体的行为准则，促进公共利益与私人利益的和谐共存。个体的成长、成功与社会的整体进步密不可分，从全局和长远视角审视个体与他人、社会的关系，应清晰地认识到在追求个人利益的同时促进公共利益的增加，这就需要培育一种"公共精神"。

一、重构乡土公共文化空间

乡土公共空间是村民聚集、交流和开展公共文化、娱乐活动的场所，乡土公共文化建设是重建乡土公共空间的重要途径。文化通过共同的价值观和信仰体系，将人们紧密地联系在一起，具有凝聚人心、建构认同、增强归属感的作用。文化的力量在于它构建了身份认同，让人们在多元的世界中找到归属感，并丰富了人们的精神世界。因此，乡土文化在乡村社会具有重要作用。乡土公共性文化活动促进了村民间的社会交往，村民有机会聚集在一起共同参与并完成文化活动，在体验文化活动本身带来的乐趣的同时，领悟其背后所蕴含的价值和意义。这种共同的文化体验有助于形成公共规则和公共舆论，维护乡村的和谐与稳定。因此，乡土公共性文化活动不仅丰富了村民的精神生活，促进了乡村公共交往，还加强了乡村的凝聚力和整体性。

（1）重建乡土公共文化设施。各级政府应动员和调动多元力量，积极促成乡土公共文化设施的修复与重建，并增加服务投入。特别是将文化建设的重心向乡村倾斜，构建起完善的公共文化基础设施服务网络，使更多的公共文化资源和文化活动深入村民的日常生活。基层政府应致力于为村民提供喜闻乐见的公共文化服务，打造一个能自由交流、资源共享的公共社交平台，那么因为村民个体原子化、疏离化而带来的感情冷漠、认同衰弱等精神空虚就会得到填补，并且由生产生活的"不确定性"所引起的紧张抱怨、焦虑失落也会从公共文化之中寻找心理调节剂和平衡器，弥合自己在物质世界中的匮乏和尊严。[①]

（2）重建乡村文化组织。从乡村文化主体的角度，通过乡村文化组织的恢复和重建，将村民的公共文化生活重新组织起来。乡村文化组织、文化队伍建设、文化人物的扶持和培养等是重构乡村公共文化生活空间不可缺少的环节。从建构主体的视角看，重构乡土公共文化生活空间的核心在于恢复与重建乡村文化组织。这不仅将村民重新凝聚在共同的文化活动之下，还能极大激发乡土文化的活力。加强乡村文化组织建设，培养具备专业素养的文化队伍和乡土文化人物，有利于推动乡土公共文化生活空间的繁荣与发展。

（3）挖掘乡土文化资源。挖掘和利用乡土文化资源不仅有助于保护和传承地方文化特色，还能促进文化旅游和地方经济发展。只有对乡土记忆、文化传统等进行深入考察和总结，记录村民的生活方式、传统习俗、民间艺术等文化元素，了解乡土文化的起源、发展和变迁。保护和传承乡土文化遗产，吸收一切可以吸收的乡土文化资源，才可能创造出富有地方特色的乡土公共文化生活空间。此外，还应增进公众对农业文明多样性的认识，提高人们对乡土文化、村庄文化的认识、兴趣和体验，从而推动乡村社会公共文化空间的发展。

二、增强公共服务供给能力

公共服务是指为村民提供的各种服务，如教育、医疗、交通、安全等。公共服务旨在保障村民的基本生活需求，提高生活质量，促进乡村和谐。公共服务供给强化了村民与集体的关联，提升了村民对村庄共同体的归属感与安全感。20世纪80年代，随着包产到户的推行，农民对集体组织的依附性不断弱化。税费改革后，村庄共同体的权威性和整合力进一步减弱，难以对分散的农民进行有效整合。因此，加强农村医疗、教育、养老等领域的公共服务建设，在此基础上提高个体化农民应对市场和社会风险的能力是重塑乡土公共性的有效手段。

---

① 吴理财，张良.农民的精神信仰：缺失抑或转化？——对农村基督教文化盛行的反思 [J].人文杂志，2010（2）：175-180.

增强公共服务供给能力，需要强化地方政府服务能力，充分满足农民的公共服务需求。首先，要健全公共服务的需求表达与反馈机制，确保农民在公共服务供给决策与运营过程中享受充分的知情权、参与权和监督权。其次，要积极引导和扶持社会力量参与兴办公益性机构和经济实体，为社会服务注入更多活力。再次，应积极推动乡村公共服务的市场化和社会化进程，通过引入市场竞争机制和社会力量，全面提升公共服务水平和效率，更好地满足农民的需求。在绩效评价方面，建立双向评价机制，既有上级政府对乡镇政府服务的评价，也有农民对公共服务的评价，确保农民在绩效评价中拥有充分的话语权，形成自上而下的问责和自下而上的评价机制，从而不断提升乡村公共服务水平。最后，要改进乡镇公共服务的投入机制，合理分摊县乡之间的经费投入，确保公共服务的公平性和可持续性。

三、重塑乡土公共规则

公共规则是社区成员共同遵守的行为规范和制度安排。它们可以是成文的法律、规章，也可以是不成文的传统习俗和道德准则。公共规则能确保社区秩序，促进成员间的和谐相处。

村级组织需要充分动员乡村社会内部的各种积极力量，发挥他们在公共规则重建方面的带头作用和示范作用。特别是那些热心公益事业的积极分子和诚实守信、尊老爱幼的道德模范，他们自身就是公共规则的代言人，要对他们的好人好事进行广泛宣传并赋予其必要的荣誉和相应的物质奖励，以此形成乡土公共规则的榜样性力量。同时，村级组织以引导公共舆论的形式对不孝顺老人、道德品质恶劣、唯利是图等行为进行曝光，将其从局部范围扩大为自然村甚至行政村范围，重建流动性乡村社会的公共舆论及其批判机制。

（一）发挥村级组织的引领与整合作用

村级组织是乡村社会设立的基层群众自治组织，在维护村民合法权益、协助地方政府工作、管理村庄公共事务等方面发挥着积极作用。一方面，村级组织应深入挖掘并动员乡村内部的各种积极力量，积极引导村民参与公共事务的讨论与决策，确保公共规则能反映村民的意愿和需求。另一方面，村级组织应充分利用现代传播手段进行宣传教育，提高村民对公共规则的认识和理解，增强规则意识。对热心公益事业的先进人物、诚实守信、尊老爱幼的道德模范进行大力宣传，并通过授予荣誉和提供物质奖励的方式强化榜样的示范效应；对违背道德、不孝顺老人、唯利是图等不良行为，则利用公共舆论的力量进行揭露和批判，并通过有效的传播手段将其影响扩大到整个村落乃至更大的范围，通过宣传教育整合乡村社会，重构乡村社会的公共舆论体系与批判机制。

（二）发挥村规民约的规制与约束作用

村规民约是村民共同制定并遵守的规则与制度，其规制与约束作用主要表现在以下三个方面：一是村规民约能够规范村民的行为，确保乡村秩序井然。例如，在土地使用、环境保护、公共设施维护等方面的规定，能引导村民合理利用资源、保护环境及维护公共利益。二是村规民约有助于解决纠纷，以明确的规则和程序为村民提供解决矛盾和冲突的方案。三是村规民约能够促进村民间的相互监督，增强社区凝聚力，形成乡土团结。村规民约是乡村社会长期实践的结晶，体现了先辈的智慧与经验，也蕴含着深厚的历史文化底蕴。但随着乡村社会的流动与变迁，传统的村规民约趋于解体，需要与时俱进进行适时、适度的修订，使之适应新的社会环境，以规范村民行为、维护乡村社会稳定。修订村规民约应本着"取其精华，去其糟粕"的原则，根据社会发展的趋势与需求，将人们普遍认同的新规则、新标准融入村规民约的修订之中，确保村规民约具有广泛的民意基础，更好地服务于村民的生产生活。同时，要积极动员村民参与，集思广益，使村规民约能够真正反映村民的意愿和需求。此外，还可以动员乡村政治精英、经济能人、道德模范等群体积极参与村规民约建设，利用他们的威望和影响力为村规民约的修订提供支持，以促进村规民约的完善与乡村社会的和谐稳定。

四、培育乡土公共精神

乡土公共精神是村民对公共利益的关心和对公共事务的参与意识，体现了村民的责任感、合作精神和对公共生活的积极态度。培育乡土公共精神，首要任务是深化公民道德教育，引导村民树立公共意识，同时加强宣传引导，通过媒体和社交平台多种渠道彰显公共精神的重要性和意义，引导公众形成正确的价值观。公共精神培育的关键在于确保村农民拥有参与村庄公共事务的基本权利，包括对村庄公共事务的知情权、参与决策权以及监督执行权。这种参与不仅让村民更好地表达自己的意见和需求，还增强了他们对村庄公共利益的认同感和责任感，提升了村民的主体意识。当村民真切地感受到自己的意见受到重视，观点得以表达，利益得到尊重时，他们参与公共事务的积极性自然就增加了。

当乡村的大多数村民都参与到公共事务中，无形中构建起了一个临时的社群，他们在社群中互动交流，思维碰撞，通过讨论与协商找到共同的平衡点，达成共识。集体决策不仅增强了个体的归属感和责任感，也有效维护了集体决策与管理，还能对少数试图"搭便车"的成员形成公共舆论压力，促进整体的公平与正义。此外，选择性激励是培育公共精神的重要一环，包括奖励和惩罚两种机制。奖励机制旨在鼓励和表彰那些积极展现公共精神的个体或团体，通过物质或精神上的奖励来增强他们继续参与公共事务的动力。而惩罚机制则通过一定的负面后果来抑制那些违背公共精神的行为，以维护社会秩序和公共利益。合理运用奖励和惩罚，可以有效地促进公共精神的形成和传播。对乡村社会中积极投身公共事务、作出突出贡献的村民，应给予物质上和精神上的双重奖励，而对选择"搭便车"、漠视公共事务的少数群体，必须坚决实施物质惩罚和精神警示，通过倡导积极向上的公共舆论氛围来压制极端个人主义倾向，引导大多数中间阶层形成积极的行动导向，从而培育乡土公共精神。

第五章　乡土短视频实践与
乡土公共性建构

数字技术和网络的发展，实现了媒介传播从单向传播向双向互动传播的转变，也把公共领域的机制扩展到网络媒体。在农村的许多地区，互联网早已成为村民接受信息的主要载体。网络提供的隐匿、平等、开放的自由空间，给人们提供了表达意见、自由讨论、平等参与的平台，基于移动传播的虚拟网络公共空间给日渐走向衰落的乡村公共领域提供了新的转机，对捍卫乡土公共性原则具有积极意义，并担当起为村民提供表达与沟通平台的社会重任。移动传播促进了信息共享与交流，增强村民的主体性和乡村社区的凝聚力，推动了乡村经济发展和乡土文化的传承与创新。

随着移动传播时代的到来，短视频浪潮迅速兴起并席卷中国乡村，为重构乡土公共性提供了全新的发展契机，乡土短视频从符号、想象、角色和叙事等多重结构层面，建构了乡村社会的独特媒介景观并重塑了乡村形象。乡土文化是乡村振兴的原动力，从文化的视角剖析乡土短视频中的景观建构与文化传播，对传承与发展乡土文化、推动乡村经济发展以及建构乡土公共性具有重要的现实意义。在乡土短视频实践中，游离在互联网边缘的农民群体具有了媒介呈现的载体，他们在主体性表达中主动而艰辛地建构着自我角色，也促进了农民对自我角色的重新认知与建构。

第一节　乡土短视频的景观建构

伴随移动互联技术的飞速发展，短视频已成为人们接收信息、休闲娱乐的第一选择。2016年"直播元年"的开启，掀起了一股短视频文化热潮。据《中国互联网络发展状况统计报告》的数据显示，截至2022年12月，中国短视频用户规模为10.12亿，占网民整体的94.8%。短视频的低门槛与草根性，重新赋予了民众被观看和认知的权利，通过对视觉影像传播的再造，城乡空间成为内容生产的新场域。

乡土短视频聚焦乡土世界，记录乡村生活，是以原生态的乡村风貌、生产生活、乡村文化为拍摄主体，利用社交网络平台进行传播的短视频。[①] 从内容上看，它指的是在抖音、快手等短视频平台上出现的对乡土形象或乡村群体形象进行意义呈现的文本部分。从形式上看，它是指在网络空间上对乡村社会的人或事进行呈现的具有独立的考察价值的视频片段。乡土短视频作为一种文化产品，带有鲜明的"土味"特征，它承载着乡土情感与意义，蕴含着种种乡土内生话语，暗含着民众对身份与文化的认同，展示了社会的多元化与文化的本土性，体现着网络时代乡村社会的底层话语与群体抗争。

一、短视频建构的乡土景观

移动传播时代，人们越来越倾向于依靠图像或视觉的形式来构想和把握世界，视觉文化使现代社会进入"图像时代"，并逐步趋向于"景观的社会"。[②] 乡土短视频的本质是展现乡土形象的乡村符号，其以视觉文本符号的形式建构的乡土景观，颠覆了人们对乡村的刻板印象，城乡二元体制下被遮蔽的乡村社

---

① 朱倩玉.农村短视频的媒介景观研究 [D].南京：南京师范大学，2020.

② 周宪.视觉建构、视觉表征与视觉性：视觉文化三个核心概念的考察 [J].文学评论，2017（3）：17-24.

会以影像景观的方式跃入大众视野。短视频中的乡土景观是自媒体乡土实践中生产的客观景象，乡村社会生活展现为"景观的庞大堆聚，直接存在的一切全都转化为一个表象"①。

（一）视觉符号：时间线里的乡村生活景观

乡土短视频作为一种视觉语言传播，兼具影像传播和移动社交传播双重属性。乡村以影像景观的形式呈现在大众视野之中，这本身带有娱乐属性，但重要的是短视频再现了乡村所处的时空状态，体现了乡村群体与乡土公共空间的融合关系。

乡土短视频呈现了大量碎片化的乡村日常生活，田间地头的劳作和绿水青山中的休闲交相辉映，短小的时间线里流淌着乡村生活的闲适与惬意。技术赋权打破了村民在二元叙事下的"沉默"，使其具备了新的主体性，这种新主体性的生成既是技术赋权的结果，也是乡村群体自我角色建构与新形象认同的凸显。② 乡村生活中的吃穿住行等各种日常，在短视频中都可以变成乡村景观的视觉符号，乡村社会、乡土公共性、乡愁以影像图景的形式进行多元呈现，在一定程度上释放着人们无处安放的焦虑和乡愁。

（二）想象呈现：网络空间里的移动村落景观

就空间性而言，村庄是乡村生活的空间，封闭、稳定而有明确的边界。传统的乡村是一个"熟人"聚居地，村民在这个物质空间自给自足、守望相助。但随着市场化的深入与城镇化进程的发展，乡村人口不断外流，出现了大量农业转移人口，传统的固定村落逐渐演变为"流动的村庄"。移动传播时代的新媒介赋权与技术下放，使乡村的各种日常空间场景轻松进入网络空间。在短视频对乡村社会的空间展示中，乡村的自然风貌、传统民俗、生产实践和社交等

---

① 德波.景观社会[M].王昭凤，译.南京：南京大学出版社，2006：3.
② 匡文波.短视频中的乡土文化呈现及其发展局面的开拓[J].人民论坛，2020（27）：137-139.

场景，在网络公共空间中形塑立体而多元的乡村形象。"流动的村庄"打破了乡村生产生活空间的陌生神秘和建立在"熟人社会"基础上的社会关系，传统的道德观念、村规民约、风俗习惯等的约束力式微，集体意识和合作意识逐渐被竞争意识超越，个体意识不断凸显。

随着乡土短视频展演的乡村景观符号在现实空间的不断扩充，乡村形象逐渐异化为鲍德里亚笔下的"拟象"世界，甚至成为一种"真实的存在"。现实空间的地理属性赋予乡土短视频广阔的创作空间，网络空间提供了乡土短视频传播的线上空间，在视觉消费语境下，乡村形象在视觉文化主导的网络空间演变为新媒介景观，借助移动传播与网络空间，乡村社会的影像景观得到想象再现。

（三）角色扮演：底层视角的乡土人物景观

在乡土短视频的视觉传播中，刻画乡土人物也是主要的内容之一。以往的文学艺术作品或主流媒体中，村民形象往往被边缘化。在"去中心化"传播的乡土短视频中，乡土短视频中人物角色的现实生活地域、年龄跨度异常丰富，从东部沿海到西部山区，从北方牧民到南方农户，从留守儿童到归乡游子，不同地域、年龄的人物角色塑造着多元的乡村形象。[①] 在短视频中塑造的乡土人物形象，或为技艺高超的民间艺人，颠覆人们对"农村弱势群体"的刻板印象；或是勤劳质朴的劳动者形象，勾勒乡村劳动者特有的劳动之美；或是逗笑搞怪的憨人形象，以土味搞笑的方式展现农村人的质朴与滑稽；抑或是休闲安逸的隐居形象，以淳朴自然的生活姿态，呈现迥异的乡土生活。乡土短视频以底层视角，聚焦小人物平凡生活里的酸甜苦辣，动态影像中是乡土人物以现实身份符号进行的角色演绎。

---

① 凯尔纳.媒体文化：介于现代和后现代之间的文化研究、认同性与政治 [M].丁宁，译.北京：商务印书馆，2004：9.

（四）土味叙事：网络化的话语表达景观

在乡土短视频的"去中心化"传播下，严肃的宏大叙事被全面消解，草根的土味叙事风格日渐成形。在媒介赋权的加持下，土味叙事中个体化的话语表达得以彰显，叙事语言的网络化特征十分鲜明。大部分乡土短视频的叙事语言通常都较为口语化，通俗易懂。在一些乡土搞笑段子或情景剧中，流量驱使下的娱乐效应促使大量方言或土味词汇"上场"，这些语言轻松中夹杂着犀利，流行中透着土气，自带的浓郁乡土气息，是对乡土短视频土味叙事的生动注脚。此外，在田间地头的"喊麦"，以土味的说唱配合夸张的身体表演，传播着乡村人的乡土情结与豪情，也折射出乡村底层群体对主流文化的抗争，鲜明的网络传播风格下包裹的是话语表达建构的新型乡村群体形象。

二、乡土短视频中的乡土文化景观表征

乡土短视频中的故事和图像，提供了乡村社会的符号、幻想和其他资源，参与形成了乡土文化。乡村自媒体在宰制人们休闲娱乐、观念塑造和社会行为的同时，也为人们提供"用以塑造自身身份的材料"，并促进乡村社会日常生活结构的形成。乡土文化源于乡土生活，乡村社会生活是乡土文化培植的沃土。乡土文化是乡村群体在长期的乡村社会生活实践过程中创造的物质财富和精神财富的总和，带有浓厚的乡土气息。城市文化与精英文化主导的传媒生态下，乡村群体成为"沉默的他者"。短视频为乡土符号的生产提供了新路径。乡土短视频在塑造乡村影像景观的同时，也暗含着乡村社会的价值体系和精神文化需求，它以一种全新的话语体系解构着传统主流文化并重塑人们的社会话语与审美趣味，在乡村的媒介化进程中，乡土文化呈现出"泛娱乐化"的趋势。

（一）内生性的乡土文化

费孝通在《乡土中国》中认为"中国社会是乡土性的"，中国文化是在土地里长出来的，离开了土地就没法生存。乡土文化承载着村民在长期的乡村社会实践中形成的较为稳定的生产方式、生活观念和价值体系，在城市化进程的

推动下，传统的乡村社会向后乡村社会转变，乡土公共性渐次走向没落。基于互联网的移动传播的兴起，使被遮蔽的乡村空间重获可见性，技术赋权下乡村群体的主体意识得以回归，村民的自主创造性得到极大激发，个体在媒介关系型乡村社会中的连接作用得到凸显，乡村内生话语得以自由表达，内生性乡土文化得以传播。

乡土短视频是乡村群体乡土实践活动的影像景观，其内容深受乡村地理环境和乡村社会文化的影响，包裹着乡村人"理想自我"和"现实自我"的诉求。在传统与现代、失落与再造的博弈中，乡土短视频中展现的内生性乡土文化逐渐景观化，带有鲜明的乡土色彩。就场景而言，乡土短视频多关乎乡村生活，彰显劳动的价值之美；就观念体系而言，呈现的是"家和""孝道""尊老爱幼""重情重义"等传统之美。此外，乡土短视频对乡村民间艺术、民俗服饰等传统民俗内容的呈现，形塑了乡村社会的多元性，成为大众理解乡土文化的"窗口"，为城乡文化有效对话提供了可能，一定程度上实现了乡土文化的圈层突围。

不过，内生性的乡土文化也存在一定劣根性，如男尊女卑、婚丧嫁娶陋习等，这些乡村低俗文化在短视频平台上被围观，其文本意义呈现对乡土文化造成了极大负面影响。事实上，受文化程度与媒介素养的局限性，乡村群体表达的乡土文化虽真实可感，却难免鱼龙混杂。"土味"叙事的外衣下，乡土文化被低俗裹挟，而这本身就是乡土文化内生性的一种体现。

（二）媒介化的乡土文化

随着移动互联技术的革新和媒介实践的不断深化，短视频成为乡村社会自我呈现的主要方式，用户下沉带来的是村民对"被遮蔽"话语权的反噬，被压抑的表达欲望得到空前释放。由此，乡村社会封闭的社会交往模式和信息传播生态被打破，民众主体意识回归，开始以"我"的视角呈现真实的乡土文化影像景观，媒介化乡村社会实践实现了从"个体"到"文化"的破圈。

通过对各类平台上短视频的文本解读，不难发现，乡村网红的崛起正是乡村群体以媒介构建乡土文化的积极尝试。例如，李子柒的乡土短视频，"物质的"和"非物质的"乡土文化交融，暗含的文化所指异常丰富。从农耕文化、中华美食到人与自然的和谐，从传统亲情伦理、民间工艺到节气文化等，各种文化叙事表达相互交织，传达的是以物质性乡土文化为主、非物质性乡土文化为辅的乡土文化美学逻辑。乡土短视频以视觉符号传达的方式，超越了朴素的乡村生活图景本身，以一种美学创作的范式，在自媒体元资本的推动下，构建国民精神生活的新景观，并促成"一种反叛竞争且以治愈心灵为导向的文化美学生产。"[①]

乡土短视频作为一种传媒艺术，其媒介产品的独特价值在于它的科技性与大众参与性。[②]短视频以数字传播的方式进入大众视野，将"吸引关注"作为文化叙事，向观众表达着可视、可感的乡土文化。镜头语言取代了以文字或言语主导的文化叙事，观众进入视觉的话语体系，短视频碎片化的呈现高度契合了现代人的信息获取方式，从而实现乡土文化在自媒体实践过程中的脱域传播。

（三）狂欢式的乡土文化

尼尔·波兹曼在《娱乐至死》中引用了麦克卢汉的"媒介即信息"的观点，即深入理解一种文化的最有效途径是"了解这种文化中用于会话的工具"[③]。乡土短视频用镜头语言试图呈现乡村社会的新奇和异质、传统与现代，乡土话语以一种娱乐化的方式出现并重塑大众对乡村社会的知觉体验，并逐渐成为一种文化精神。

乡土短视频的流行体现了一种自下而上的民间文化张力，与城市文化、

---

① 李样，刘祖云.媒介化乡村的逻辑、反思与建构 [J].华南农业大学学报（社会科学版），2021，20（4）：99-110.

② 刘俊.极致的真实：传媒艺术的核心性美学特征与文化困境 [J].深圳大学学报（人文社会科学版），2017，34（5）：148-157.

③ 波兹曼.娱乐至死 [M].章艳，译.北京：中信出版社，2015：11.

精英文化共同构建了社会文化的多元性。乡土短视频塑造的乡村形象往往贴有"草根""土味"的符号标签，其乡土符号为表征的影像景观成为制造娱乐与流行的利器。相应地，观众对乡土短视频倾向于娱乐消遣，批判性在全民狂欢式的符号消费中不断弱化，解构主流、消解权威的土味文化持续输出着感官娱乐与视觉流行。

1. 身体表演

在乡土短视频中，以"乡村老铁""小镇青年""社会哥"为代表的主播们，以畸形的肢体、丑化的身体表演投射着某种"底层物语"，如同布迪厄认为的那样，乡土短视频的身体表演在特定乡土场域中形成，身体本身演变为一种文化资本或经济资本的符号表达，通过各种仪式化的场景展演着苦难的、励志的、搞笑的、猎奇的乡土文化景观。

在消费社会语境下，美学表现为一种身体美学，身体"美学化"标准的合理化、合法化，不可避免地导致对身体的压制和暴力。[1] 消费社会中的身体规训在"他者"凝视下异化为对身体美学的病态构筑和过度宣扬，"自我"受到镜像蛊惑的后果是"将人们的消费价值和身体追求引向一种低俗的境地"[2]。"被遮蔽"的乡村底层以极端、无序的狂欢式表演，尝试对主流精英文化进行解构。身体表演的背后是"灵魂的缺席"，流量主导下的乡村主体价值观畸形，看似以乡村为本位的乡村话语，实则是作为对都市话语的补偿与强化。村民的残酷身体叙事，其实质不过是一种阶级流动的"幻象"。

2. 粗鄙文化

乡土短视频通过"喊麦""土味"情景剧等形式表达着被忽视群体强烈的表达欲，消解着权威和主流文化。但狂欢式的话语叙事中夹杂着粗言俗语，流

---

① 周宪.读图，身体，意识形态 [M]// 汪民安.身体的文化政治学.郑州：河南大学出版社，2004：144.

② 赵方杜.身体社会学：理解当代社会的新视阈 [J].华东理工大学学报（社会科学版），2012，27（4）：27-35.

露出粗鄙美学的厚重痕迹。约翰·费克斯在《理解大众文化》中提道"巴赫金发现了民间狂欢节三种主要的文化形式：第一种是仪式化的奇观，第二种是喜剧式的语言作品，第三种是各种类型的粗言俚语。"①

借助短视频的技术赋权，曾一度在互联网文化场域中缺席的乡村群体获得了表达的机会，在资本的操控下，为了获得更多的关注，乡村群体往往会有意迎合城市精英对乡村社会的固有认知和刻板印象，以"丑化自我、娱乐大众"的心态进行着各种矮化、失智的身体表演，并最终在各类社交平台形成一场狂欢式的表演。在这一过程中，乡村社会的粗鄙文化叙事以"原生态"的方式进行演绎，各种粗言俗语似乎在宣泄长期被边缘、压制的民间情绪。"小镇青年""社会哥"们用个性化的身体叙事和话语表达，以"被观看"的方式消解着主流文化的权威叙事。在某种意义上，短视频平台不仅是村民的展演平台，更是他们的精神家园。在娱乐式的狂欢消费中，乡土短视频制造着景观丰富的表象，但一味迎合城市想象的低格调叙事，无疑会使底层物语的抗争趋于庸俗和混乱，只有真正对接用户文化需求，才能成为生产性的存在。②

三、乡土短视频景观建构与文化传播的反思

（一）乡土短视频景观建构的实践主体反思

农耕文明是中华文明史的主体，乡土短视频的媒介实践体现了一种文化传播赋能乡村的乡土中国立场，对主体性问题的讨论是乡村视野下的文化传播问题域，也是乡村媒介实践的逻辑起点。赵月枝认为，在西方资本主义现代性宏大叙事中，落后、狭隘和不思进取的第三世界的农民，需要通过现代传播技术使其获得以进取为特性的现代主体性。③梳理乡村社会发展的历史进程不难

---

① 费克斯.理解大众文化[M].王晓珏、宋伟杰，译.2版.北京：中央编译出版社，2006：101-102.

② 刘涛.短视频、乡村空间生产与艰难的阶层流动[J].教育传媒研究，2018（6）：13-16.

③ 沙垚.重构中国传播学：传播政治经济学者赵月枝教授专访[J].新闻记者，2015（1）：5-14.

发现，村民作为城市精英文化的他者，是缺乏主体性的。[1] 即便在 "网络下乡" 的移动传播时代，乡村社会也一度在网络文化场域中缺席，城市精英文化的价值取向和既有认知，刻板地勾画着对乡村社会的固化景观，乡村社会往往作为城市景观和主流文化的参照，村民的主体意识被压制。

移动传播时代的乡村社会，技术赋权让乡村底层用户获得了自我表达的诸多可能，"媒介赋能乡村" 使自媒体实践拥有了与城市精英文化对话的资本。乡村日常生活、新型农人形象、民俗文化景观的呈现，无不彰显着新时代乡村社会民众主体意识的增强与渐次凸显。但需警惕乡村群体表达成为城市中心主义操控下以主体性之名进行的 "转述"。[2] 从乡土景观建构的实践来看，一哄而上势必导致同质竞争和 "内容供给枯竭"，"注意力" 主导的乡土短视频内容泥沙俱下，虚假、粗鄙、低俗现象频现。可见，乡村群体的主体性实则受到了资本的牵引。事实上，乡土短视频只有真正对接用户文化需求，才能避免沦为失去灵魂的 "行尸走肉"。随着乡村社会城市化进程的不断推进，乡土景观建构的主体也趋于复杂和多元，主体意识的回归只意味着少数乡村自媒体人 "庶民的胜利"，而底层的 "大多数" 仍在这种建构中被压制、被剥夺并陷入新一轮的边缘化。

（二）乡土短视频的文化传播反思

乡土短视频展演的乡村生活景观，是城市精英了解乡村社会结构及其社会关系的视觉符号谱系，在乡村社会民众自我认同和城市精英取悦自身的互作下，乡土短视频中的乡土文化得以流行并得到认同。多重景观展现赋予了乡村社会 "桃花源" 式的生活图景，自然、舒适、慢节奏、家文化等内涵不断释放着观众的焦虑，并让观众在这种乡土文化的自我认同中获得短暂的精神按摩。

---

① 李炜，刘祖云．媒介化乡村的逻辑、反思与建构 [J]．华南农业大学学报（社会科学版），2021，20（4）：99-110.

② 沙垚．传播学底层研究的范式更迭与当代探索 [J]．江淮论坛，2017（1）：146-150.

乡土短视频建构的乡村社会景观，是基于城市大众的价值取向的，并在景观呈现上表现出一种刻意的迎合姿态。乡村自媒体人在城乡关系互动中扮演着"掮客"的角色，城乡二元体制下城市大众勾勒的乡村想象秩序，规训着人们对乡村现实的判断、对乡村民俗的剪裁、对乡土人物的拼贴以及对乡村话语的修辞。当城市精英文化将视角延伸至乡村"底层物语"时，乡村空间沦为城市景观、大众文化、时尚潮流的参照系。①

1. 乡土文化现代性转向中的审丑乱象

短视频浪潮的兴起，为长期以来处于"内卷化"发展态势的乡村社会及其文化提供了新的驱动力，在资本操持和流量变现的推动下，乡土文化渐次向现代转向。在这一过程中，乡村社会变得更为开放和多元，城乡二元分野下被边缘的乡土文化实现了与城市文化的有效对话。乡土短视频呈现出粗鄙美学的审美范式，是"粗俗与丑陋之美，荒诞与滑稽之美"②，彰显一种原生态和审丑风格。在乡土短视频的文化传播中，底层群体的身体叙事抛弃严肃和宏大的叙事，没有太多复杂的技术应用，原生态的内容展现演变为丑化肉身的搞怪扮丑、浮夸机械的身体表演、套路化的土味语录的内容堆积，在这种近乎病态的审丑趣味下，包藏的却是创作者对金钱、名利等低俗趣味的追逐，对都市人群刻板乡土认知和猎奇心理的曲意迎合，而泛娱乐化进一步加剧了乡土文化传播中的审丑乱象。2018年有关部门联合开展的专项整治行动，使乡土短视频乱象得到遏制，但仍需警惕资本操控下，带有低俗和媚俗极端倾向的短视频卷土重来，给乡村社会原有的淳朴与宁静带来新的干扰与不利影响。

2. 想象迎合下的文化消费主义陷阱

鲍德里亚认为，消费社会注重的是消费商品的符号意义，人们在对商品

① 刘江汉. 从土味实验、空间生产到媒介认同：短视频浪潮中的乡村空间 [J]. 学习与实践，2020（6）：116-124.

② 张清华. 价值分裂与美学对峙：世纪之交以来诗歌流向的几个问题 [J]. 文艺研究，2007（9）：4-12，174.

"符号价值"的消费中得到满足。他认为任何商品化消费，其实际价值符号最终都会被消解为一种抽象的文化符号，在大众传媒缔造的符号幻境真实中，大众迷失了自我价值，从而陷入一场审美生态危机之中。消费文化的过度娱乐化必然导致低俗化与媚俗性，文化消费的迷失如同鲍德里亚对媚俗性表现的批判那样，"真实含义的缺乏和符号、寓物参照不协调的过剩"。①

在乡土短视频的视觉符号表达中，无论是原生态的内容呈现还是身体叙事，都可以通过文字和声画等符号文本得以呈现，而观众消费的是对符号文本的意义解读。乡土短视频所构建的乡村社会媒介景观是一种客观的社会实践，但在"被观看"的过程中观者不可避免地受到自身主观的干预，极易沉迷短视频建构的虚幻景观，从而落入文化消费主义的陷阱。事实上，不管是"看"者还是"被看"者，他们都可能沦为消费主义的奴隶，成为被消费的对象。乡土短视频的"土味"叙事风格，形成了独特的乡土文化景观，实现了乡土文化的圈层突围，成为物欲横流的消费社会中难得的一股清流。但我们更应看到，乡土短视频在资本的介入后，"土味"可能会"变味"，人们对"小镇青年"们偏向性选择呈现的小镇面貌和乡村生活的认知错位，对放弃意义追问、以追求视觉快感取代严肃思考的主体行为的沾沾自喜，"李子柒们"弘扬中华优秀传统文化所掩盖的获取"流量变现"和商业利益的资本运作逻辑，这些都值得警惕和反思。

总之，在短视频浪潮的冲击下，长期被边缘、遮蔽的乡村社会以短视频生产的方式，解放了以乡村社会群体为代表的行动主体，乡土符号的再生产潜力得到极大释放，乡村在技术赋权和媒介赋能的双重加持下，得以进行景观化的视觉呈现。在技术赋权和视觉消费共同作用下，乡土公共空间实现景观化重塑，空间视域下的村民在传统与现代的碰撞中展现出新异与粗鄙的特质，在乡

---

① 让·鲍德里亚.消费社会 [M].刘成富，全志钢，译.南京：南京大学出版社，2001：
　100.

土文化和狂欢文化的博弈中，乡土短视频以想象呈现、角色扮演、土味叙事等多元呈现方式，彰显了乡土文化景观强烈的表现张力。

乡土短视频在塑造乡村影像景观的同时，也暗含着乡村社会的价值体系和精神需求。一方面，内生性、媒介化、狂欢式的乡土文化满足了视觉文化消费时代大众的娱乐需求，颠覆了传统媒介话语和意识形态下建构的乡村社会景观，并推动传统乡土形象向新媒介景观转型，从而呈现出新奇而多元的新乡村景观；另一方面，在资本与视觉文化消费的共同作用下，新媒介景观中的乡村虽然没有摆脱商业资本逻辑的操持，但它展现了更为复杂而多元的乡村社会。乡土短视频作为乡村社会的主体表达诉求，满足了大众对乡土符号的猎奇与快感消费需求，但应警惕缺乏主体性的乡村群体的集体行为越轨，以及现代性转向中的审丑乱象与文化消费主义陷阱，积极引导其主体意识的回归。在乡村振兴语境下，肯定乡土短视频在乡村社会经济建设、文化引领等方面的正面效应，理性思考新媒介景观中的多元乡村形象，在此基础上探讨当代中国社会的文化、城乡等议题，才是理解移动传播时代乡村社会景观的应有之义。

第二节　乡土短视频的文化传播

随着互联网及网红经济的发展，短视频迅速在文化传播媒介市场占得一席之地。短视频所具有的制作简单、低门槛、高参与性等特点，为乡土文化的传播开辟了新的传播途径，极大地促进了乡土文化的传播。在城乡二元体制下，城市精英文化对主流传媒的话语权掌控，使乡土文化长期处于被遮蔽、被边缘化的状态，短视频的兴起并与乡土文化的结合，一定程度上实现了乡村社会话语权回归，在增强人们对乡土文化认知的同时，对推动乡土文化可持续发展发挥着举足轻重的作用。

一、乡土短视频与文化传播

乡土短视频是以原生态的乡村风貌、生产生活、乡村文化为拍摄主体，利用社交网络平台进行传播的短视频。[1] 就其内容而言，乡土短视频是指在短视频平台上出现的对乡土形象或乡村群体形象进行意义呈现的文本部分；从形式看，是指在网络空间上对乡村社会的人或事进行呈现的具有独立的考察价值的视频片段。乡土文化是乡村群体在漫长的劳动和生活中所创造和积累的精神财富，具有鲜明的地域特色，涉及村落建筑、自然景观、风俗习惯、历史名人、传统技艺等方面的物质或非物质形式。

2016年被称为"网络直播元年"，之后迅速掀起一股短视频发展热潮，充满浓郁乡村气息的乡土短视频开始进入大众视野。乡土短视频将乡土文化融入乡村生活、自然风貌、传统技艺或搞笑短剧中，内容呈现丰富多样，或呈现乡村社会简单的生活状态，或重构乡村社会价值体系，唤起公众记忆深处的乡村集体情感；或传承并创造传统技艺的当代价值，或以幽默、无厘头的剧情的展示，让人们切身感受乡土文化浓郁的土味和人情味。

乡土短视频为乡村用户提供了间接的人际交往平台，提升了其互联网使用体验，开拓了新的信息获取渠道，营造出独具乡土气息的社区氛围，并在"社区"的不断壮大下进一步形成线上乡村聚落。乡村群体的社会需求在线上聚落得到满足，并获得了认同与归属感。短视频和乡土文化的结合与有效传播，在增强人们对乡土文化了解和认识的同时，也为乡土文化的传承与可持续发展提供了保障，有力助推了乡土文化的传播。

二、乡土短视频的文化传播效应

乡村社会离散化、空心化的不断加剧，带来的是乡村群体的精神文化逐渐迷失。短视频的兴起并不断渗透到乡村社会的肌理，颠覆了传统的传授关系，

---

① 孙丽."快手"短视频平台上的乡土文化传播研究 [D]. 郑州：郑州大学，2019.

给被遮蔽的乡村社会注入了生机与活力，自媒体的话语赋权，引发了乡村社会群体思维和观念的变革，并进一步助推乡村文化的延续与振兴。乡土元素在短视频中的"放大"呈现，也许有创作者主观上的流量变现动机，但客观上促进了乡土文化的传播，产生了积极的社会效应。

（一）重塑乡村形象

都市群体对乡村形象的认知主要源自新闻报道或影视作品，这些信息源传达的往往不是最真实的乡村，乡村形象被刻板化甚至污名化。短视频平台为乡村社会群体提供了表达自我的平台，并将真实的乡村形象向大众进行原生态的展现。移动传播背景下，具有开放意识的新时代乡村群体用短视频记录日常生活的点滴，城市精英群体通过视频了解乡村，感受乡村社会的风土人情，对乡村落后、愚昧无知的刻板印象被颠覆，某种程度上，乡土文化的价值也随着乡土短视频的广泛传播得以彰显。

乡土短视频创作者用其独特的方式传递乡土气息、呈现乡村风貌，在短视频领域获得的"存在感"也让创作者们更加注重自我形象，并不断进行完善，进而重塑乡村形象。[①] 乡土文化传播者还通过直播带货帮助村民建立产业链，销售乡村特产或滞销农产品，或将农产品挂到"小黄车"内，供粉丝消费。随着流量变现产生的实质性经济效益，为乡村形象的重塑奠定了经济基础。乡土短视频连接了城乡，在重塑乡村形象的过程中，极大改观了人们对乡村群体的刻板印象，让更多人了解乡村社会的文化、价值观，也进一步推动乡村社会的发展。

（二）推动乡土文化的传承与发展

中国传统乡土文化的主体是建立在农耕经济基础上的农业文化形态，具

---

① 冯梁.农村短视频农民形象的自我建构与重构：以"豫见陈皮"和"泥土大黑"为例 [J]. 中国报业，2021（4）：74-75.

有一定的消极性、保守性和落后性。[①] 但乡土文化承载着丰富的历史和文化内涵，它是农民对土地和生活方式的情感表达和乡村独特性和传统价值观的体现，是乡村社会存续的精神支撑。乡土文化对保护和传承乡村文化遗产、维护当地社区的文化身份、弘扬传统道德价值观念、提高社区凝聚力发挥着稳定而积极的作用。可以说，乡土文化是实现乡村振兴的原动力。传承与发展乡土文化对增强文化自信、实现乡村振兴具有重要的现实意义。文化自信是对自有文化的充分认同，也是对文化内在价值的积极践行，将乡土文化以大家喜闻乐见的形式进行传播能够更能增进村民对乡土文化的自信。[②] 空谈文化发展是毫无意义的，必须以一定的经济发展水平为基础，才真正有利于文化的传承与发展。以农业生产为基础形成的多元文化深刻影响着乡村社会各阶层的思维与精神世界，乡土文化的传承与发展，本质上是对中国传统文化的传承与发展，对实现文化繁荣具有重要的战略价值。

移动互联网时代，乡土短视频以其独有的乡土特色与强大的传播力，极大拓展了乡土文化的影响力。短视频作品中展现的乡村生活、民俗文化、传统技艺和自然景观等内容，或与现阶段的乡村社会生产、生活息息相关，或是个体或家庭在乡村日常生活中的真实写照，其中蕴含着与城市精英文化截然不同的特征——慢节奏、闲适、惬意，吸引了大量用户驻足观看，都市人群所处的城市社会与短视频呈现的乡村社会形成了强烈反差，人们在观看短视频中释放着无处安放的焦虑和乡愁，由此，乡土文化以流量变现的方式在更广泛范围内传播。

（三）重构乡土公共空间

短视频所具有的社交性功能，将一群有共同话题且趣味相投的用户聚集

---

① 李先明.当代中国乡村文化转型的启示[J].内蒙古社会科学（汉文版），2010,31（1）：127-129.

② 朱琳."三农"题材短视频的乡土传播特征[J].青年记者，2019（20）：101-102.

在一起，群体成员在评论区以评论、点赞的方式进行自由互动，在这个过程中，群体逐渐形成公共意识、参与意识，并培育公共精神。随着乡村社会的变迁，村容村貌、村民主体随之发生变化，乡土文化会被再储存、置换与重构，进而实现乡土公共性再生产。文化记忆实际上就是随既定乡村场域内的文化基因通过文化符号、建筑特征、环境因素及布局结构进行提取和拼接的过程。[①] 乡土短视频突破时空的界限，以动态图像的形式呈现乡村生活场景、乡土风情和乡愁记忆，成为乡村社会群体绵延一生的文化记忆。短视频呈现的富有乡土气息的视觉画面，引发了民众广泛共鸣与认同，久违的归属感，无处安放的乡愁从现实向网络公共空间移植，乡土记忆实现了网络化生存。由此，乡土短视频以网络公共空间为载体，勾连城乡，突破记忆与现实的隔阂，重构了乡村公共记忆空间。

（四）促进乡村经济发展，助推乡村振兴

乡土短视频对传统乡土文化的传承与发展，使乡土文化的血脉得以延续，是现代都市人认识乡村、了解乡村、解读乡村的窗口。乡土短视频的兴盛，带动了乡村旅游业的发展，并进一步激发出乡村文化的无限生机与活力。在乡村经济发展的现实层面，短视频的兴起打破了农产品的流通障碍，使传统的农产品营销方式发生了根本性变革。碎片化的信息传播、低门槛的准入条件和生动形象的内容展现，使短视频成为农产品宣传推广、商业变现的有力工具，短视频电商平台成为乡村社会实现农产品商业变现的有效模式。在移动互联网时代，短视频以质朴、有趣的方式传播产品信息，成为推动乡村经济发展、实现乡村振兴的重要推手。

三、乡土短视频的文化传播策略

乡土短视频以贴近乡村群体生活得鲜明特色，在各大平台赢得了用户的

---

① 胡最，刘沛林，邓运员，等.传统聚落景观基因的识别与提取方法研究[J].地理科学，2015，35（12）：1518-1524.

普遍喜爱，有力推动了乡土文化的传播与发展。但应看到，整个短视频行业尚未形成完整规范的治理体系，视频创作内容良莠不齐，功利化、版权意识等问题突出，这些都不可避免给乡土短视频的文化传播带来消极影响。据笔者调查，乡土短视频存在的问题集中在内容单一、传播失实、版权监管薄弱和低俗等方面。

（一）乡土短视频文化传播存在问题

1. 低俗化趋势下的内容同质

随着乡土短视频文化传播的范围不断扩大，一部分短视频创作群体开始热衷于低成本和低门槛的模仿，这导致短视频平台上充斥着大量相似或雷同的视频内容。由于乡土创作者缺乏成熟的制作经验，受其文化程度和知识结构所限，形式上往往创新不足，有时一个爆款短视频，涌现一批跟风者，长此以往，受众观看的主动性和积极性受到损害，最终导致用户大量分流，乡土文化传播重归沉寂。在内容上，乡土短视频呈现出的内容较为肤浅，流于做表面文章，一些内容甚至存在低俗、暴力现象，影响青少年的健康成长。此外，部分短视频为获更多点赞、关注，利用大众猎奇心理，故意丑化乡村及其群体形象，传播乡村社会的一些陋习、恶习等文化糟粕，进一步导致乡土文化的传播失去应有的社会意义和价值。

2. 流量驱动下的传播失真

部分乡土短视频创作者被流量裹挟，传播的内容带有强烈的功利色彩。他们看重的是通过上传视频获得点赞、关注，赚取流量并最终实现流量变现。当乡土短视频中内容失真、低俗等现象不断出现，乡土文化的传播者、传承者沦为虚假、低俗文化的"制造者"，真实、乐观向上的乡村生活就变味为迎合某些低级趣味的丑陋表演，乡土短视频文化传播也失去了真善美的价值。

3. 碎片化下的乡土文化传播力受限

碎片化时代的到来促进了短视频行业的发展，乡土短视频时间短，能传播的信息量有限，乡土文化传播的深度和广度受到了极大限制。受众对乡土短视频的文化传播，不需要投入过多的注意力和思考。碎片化的时空间下，人们接触和了解到的乡土文化是局部的、零散的、支离破碎的，用户沉醉于对视频内容新奇和有趣的消费，却直接无视了乡土文化的深层次背景和意义。短视频带给人们另类的视觉体验和刺激、创新的乡土文化传播形式的同时，也给乡土文化传播带来了新的挑战。

4. 版权意识缺乏下的盗版泛滥

乡土文化的创作者、传播者大多是乡村群体，部分人缺乏版权意识，往往以跟风的形式进行内容复刻，加之视频平台监督管理不到位，进一步加剧了盗版短视频的泛滥，这对原创视频制作者而言是不公平的，极易打击其创作的积极性。同时短视频中恶意截取片段获取人气、呈现原创视频片面内容的做法，使乡土短视频走向情景失真，加剧了乡土短视频文化传播的核心价值缺失。

（二）乡土短视频文化传播的优化策略

1. 提升内容创意，丰富表现形式

内容创新是乡土短视频吸引用户的关键，乡土短视频无论是内容还是形式，都应不断创新，一味简单展现乡村日常生活、自然风貌，就会极易让用户审美疲劳。在内容上，乡土短视频应在民俗风情、乡愁记忆中深耕细作，为视频内容持续增添新元素，如以方音凸显故土人情，为短视频打上精准标签的同时，也提升了乡土文化传播的参与热情和传播力度；在形式上，应充分利用技术手段来丰富表现形式，增加内容创意，如特效文字、特效动作的使用等，既能突出重要内容，又能吸引受众关注。乡土短视频只有在内容上不断融入乡土典型元素，在形式上不断探索新手法，才能在一众短视频中脱颖而出，形成乡土文化传播的长效机制。此外，创作者还应以受众为中心，在与受众的评论互动中不断调整内容与方向，合理平衡受众乡土情结与现代化、娱乐化需求的矛盾，构建乡土文化与流行文化的良性互动，才能创作出令受众满意的作品，从而提高受众黏性。

2. 线上线下结合，多平台联动

乡土短视频可将线上流量引流到线下，让用户走进线下乡土文化传播的实体场所，深入了解和认识乡土文化的内涵。例如，在短视频平台发布展品或门票预约等信息，通过平台进行推送，提高线下乡土文化传播场域的流量。还可借助大"V"帮转、友情出镜等方式，帮助进一步引流，在提升乡土短视频作品曝光度的基础上，达到增粉和提升粉丝粘度的目的。

此外，乡土短视频的文化传播可采用多平台联动的方式，实现精准覆盖目标用户。不同的短视频平台目标用户和视频风格均有所不同，不同的视频软件有不同的视频节奏，同样的视频内容有不同的展现形式，但带有个人风格的创新往往能收到事半功倍的效果。乡土短视频的剪辑和投放，在充分考虑平台用户风格喜好的同时，努力推动各平台粉丝的融合与流动，打造个人 IP（Intellectual Property，知识产权）或地方品牌，最终达到以多平台联动的方式传播乡土文化的目的。

3. 引导视频创作者树立正确价值观

短视频的流行，一个很重要的原因在于视频制作发布的技术门槛低，不需要丰富的学识和全面的知识结构，没有复杂的技术加成，一部手机加上基本的操作技能，就能实现"人人参与"。自媒体平台这种独特的优势，极大鼓舞了乡村自媒体人拍摄、制作的热情，进而推动了乡土文化的传播。但由于知识结构、个体审美情趣上的差异，导致短视频内容良莠不齐，需要进一步培养乡土视频创作者的媒介素养，加强乡土文化的普及、教育，加深创作者们对乡土文化的理解和认知，帮助乡土创作者们树立正确的价值观，引导乡土创作者们合理利用乡土文化资源，创作并传播积极健康的乡土文化内容。同时，应着力培养短视频创作者的社会责任意识，在淡化功利性的基础上强化乡土文化传播的公共性，增强用户及行业对短视频推动乡土文化传播重要意义的认知，使积极、正能量成为乡土短视频文化传播的标签。

4.加强短视频平台监管力度

短视频平台管理规范、监管体系上的不完善，导致部分乡土短视频中出现对乡土文化的歪曲和污名化，严重损害了乡村形象。为此，各短视频平台应采取措施加强内容审核，强化过程监管，设置实名认证，实施精准惩戒。对于乡土短视频中传播乡土糟粕文化的内容，短视频平台一要加强对内容和画面的检测，在发布上规范和强化监管力度，形成更加完善的审核体系；二要及时处理用户举报信息，防止低俗的视频内容流入市场造成不良后果；三要强化审查和惩戒力度，对内容发布违规、存在不良影响的用户账号进行限时禁用、封号、罚款等不同程度的处罚，加强原创视频创作，保护短视频创作者的原创积极性，这也是推动乡土文化正面传播的有力保障。

短视频与乡土文化的结合，对乡土文化的传承、发展与传播产生了积极的影响，取得了良好的社会效应。乡土短视频虽存在内容同质、传播失真、盗版侵权等问题，但只要在短视频、创作者和监管三方积极寻找应对之策，规避其消极影响，乡土短视频不仅不会成为推动乡土文化发展的掣肘，还会对乡土文化的传承与发展产生积极作用，从而推动乡村振兴。

第三节 乡土短视频实践与农民的自我角色建构
——基于对湘东 L 村农民短视频 App 使用情况的田野调查

短视频浪潮迅速兴起并席卷中国乡村，使游离在互联网边缘的农民群体具有了媒介呈现的载体，也促进了农民对自我角色的重新认知与建构。本节以湘东地区的一个郊区村庄 L 村为研究对象，以参与式观察、深度访谈和问卷调查相结合的方式，从线下到线上对 L 村农民的短视频实践进行了田野调查，围绕村民的短视频使用行为和动机、农民的自我角色建构及主体性表达进行了深入分析。短视频释放了农民个性并加速了其个体化进程，农民在主体性表达中主动而艰辛地建构着自我角色。

在城乡二元体制下，城市精英文化长期占据主导地位并对乡村社会形成持续遮蔽，农民自身文化水平、媒介素养的不足进一步加剧了这一趋势，导致乡村群体长期游离在互联网的边缘。移动互联网的迅速发展深刻改变了当代中国社会，短视频的出现为新农民的自我表达提供了新契机，它通过一个个真实的影像，将乡村新风貌、农民新形象及其变化形象地呈现在大众视野中，由此，一场"底层的狂欢"拉开帷幕。

L村是湖南湘东地区的一个传统村落，是新农村建设的典型，其在基础设施建设、乡村经济发展等方面对标乡村振兴的各项要求，为了解中国乡村文化传播与交流、认识和理解乡村文化的多样性和差异性提供了一个窗口。因此，将L村的短视频实践作为研究对象具有较强的代表性。

本节主要调查乡村用户使用短视频App的真实动机、产生的影响以及农民的媒介形象呈现、自我表达的内容与方式、农民自我角色和主体性建构等。这些问题的解决对人们了解现代乡村的真实样貌、消除对乡村和农民的刻板印象，更新对农民、农村形象的固有认知、构建立体、真实的农民形象、促进乡村文化内生性建设具有重要的现实意义。

一、乡土短视频与农民自我角色

短视频是指在各种新媒体平台上播放的、适合在移动状态和休闲状态下观看的、高频推送的视频内容，其具有使用门槛低、互动性强、内容丰富多样等特点，从应用市场看，抖音、快手、西瓜视频、微信视频号等在乡村群体中使用率较高。乡土短视频是以原生态的乡村风貌、生产生活、乡村文化为拍摄主体，利用社交网络平台进行传播的短视频。[1]乡土短视频以一种真实而个性化的视角展现将乡村社会生活、风土人情，带给受众形象、直观的阅读体验。

---

[1] 朱倩玉.农村短视频的媒介景观研究[D].南京：南京师范大学，2020.

农民作为传播主体，在参与乡村文化传播同时也进行着自我表达。短视频作为乡村与外界沟通的桥梁，在记录乡村变迁、反映乡村生活、传播乡村文化等方面发挥了巨大作用。

自我角色包含了"自我"和"角色"两个层面，心理学上的"自我"是指自我意识或自我概念，而"角色"是一套社会行为模式，是一定社会身份所要求的一般行为方式及其内在的态度和价值观。农民自我角色是农民在实施农业活动时所采用的行为方式、行为态度和行为观念。在移动传播时代的短视频实践中，农民的认知发生了巨大改变，他们在短视频实践中了解了科技与农业结合的新方式，更新了经营理念和农业生产的新知识、新技能，掌握了提高农业生产效率的新方法，对自我的角色和责任也有了更清晰的认识，正是农民在自身角色认知上的巨变，彰显了移动传播和乡土短视频实践的现实力量。

二、田野调查概况

（一）L 村地理位置与经济发展现状

L 村是湖南省湘东地区的一个普通郊区乡村，地处三地四县交界（长沙、益阳、岳阳、望城区、宁乡市、赫山区、湘阴县），距离市区44公里。L 村地属平原，气候宜人，物产丰饶。地理位置特殊，北有洞庭，西连资水，右接湘江，所以 L 村的发展比其他村庄更具地缘优势，发展也更好。据当地政府发布的数据，2022年 L 村家庭人均可支配收入为28000元，比全国平均水平高出4.4%。随着收入的提高，该村村民在短视频的使用上也发掘了更多的兴趣点，这为本研究提供了丰富的资源。

同时，L 村有着良好的自然条件和经济基础，得益于基础设施的完善和历史优势，L 村多年来大力开展旅游业，目前该村所在乡镇已成为集商贸、旅游、文化于一体的省级城乡一体化示范乡镇。经济基础和地理位置上的独特优势，对 L 村村民性格的形成也有很大影响。据笔者观察，L 村村民思维很活跃，对新鲜事物的主动接纳能力也很强，从访谈和问卷调查的情况来看，近一半的被访者在短视频浪潮刚兴起时便已成为短视频 App 的用户，并主动将 App 推荐给亲朋好友。

（二）田野调查对象

对 L 村的田野调查，主要采用参与式观察、深度访谈和问卷调查相结合的方式。在参与式观察、问卷调查中全面了解村民短视频 App 的使用情况，在深度访谈中积极寻找具有研究意义的个案，积累对该村村民自我角色认知的第一手资料。

为深入了解和感受乡村社会的发展及其变化，特别是智能手机等移动媒介给农村带来的变化和影响，笔者在 L 村进行了为期30天的参与式观察，了解他们的日常生活节奏及从事农业生产的状态、集体活动、家长里短等，特别是短视频 App 使用情况。同时，笔者通过入群的方式对村民媒介接触和使用情况进行线上观察，并在抖音、快手等 App 上关注他们的使用行为，如上传内容、活跃度、互动情况等。

在深度访谈中，依据性别、职业和年龄等指标考量，对10人进行了重点访谈。男性和女性各5名。年龄分布上，25岁及以下2人、26～35岁2人、36～45岁3人、46～55岁3人。访谈对象在各个年龄层均有分布，从事工作性质各异，具有较强的代表性（表5-1）。访谈主要围绕用户使用动机、使用频率、对直播和网红的看法、对生活的影响及其变化等问题展开。

问卷调查50人，从年龄来看，40～49岁的受访者19人，占38%，30～39岁12人，占24%，20～29岁的10人，占20%，50岁以上有9人，占18%（表5-1）。从性别来看，调查样本中男性人数相对偏少，这与乡村男性外出务工人数较多的现状吻合。由于在参与式观察中发现女性受访者使用短视频 App 的频率较男性更高，上传作品的动机更强烈，故在调查中有意识增加了女性受访者比例。

表1　L村村民短视频App使用情况访谈对象名单

编号	性别	年龄	职业	短视频App类型	使用时长/每天
A	男	22	高中教师	抖音	约2小时
B	女	42	家庭主妇	抖音	约2小时
C	男	48	养殖种植业	抖音、微信视频号	约半小时
D	女	45	家庭主妇	抖音	约3小时
E	女	21	大学生	抖音	约1小时
F	女	32	家具城店主	抖音	约3小时
G	男	35	农家乐老板	抖音	约2小时
H	女	38	美容美妆	抖音	约1小时
I	男	52	务农	抖音	约3小时
J	男	50	务农	快手	约2小时

三、L村村民短视频使用情况分析

（一）使用行为分析

在L村的调查结果表明，70%以上的人都使用过短视频App，其中抖音和微信视频号是村民最常使用的短视频软件。乡村青年对抖音的娱乐性尤为青睐，而微信视频号则获得了各年龄层的喜爱。在村民的短视频应用清单中，快手、抖音火山版、西瓜视频等赫然在列。60%的受访者表示接触并使用短视频是受他人影响，25%的受访者出于好奇，10%的受访者觉得有趣而下载并应用短视频App。

1. 使用时长

这里所指使用时长包括两方面：一是短视频App的使用时长，二是被访者观看短视频的日均使用时长。在短视频App的使用时长上，76%的受访者使用短视频App已有三年以上的时间，18%的受访者为2~3年，只有3%的受访者使用短视频App不到一年。这表明短视频App进入乡村群体生活的时间节点较早，农民群体并没有被互联网边缘化，相反他们主动地运用短视频手段进行生动而充分的表达，并不断融入移动互联网时代。不难看出。这是一场"双向奔赴"，也体现出对这一群体研究的深刻现实价值。

在观看短视频的日均使用时长上，50名受访者中16人观看短视频超2小时以上，占32%；11人使用1~2小时，占22%，23人使用时长在半小时到一小时。这意味着，54%的被访者日均使用短视频时长超过1小时，同时，用户短视频App的使用时段并不固定和集中，而是呈分散的时间段分布，这与短视频的碎片化特点有紧密联系，也反映出短视频正广泛融入并深刻影响着村民的日常生活。

2. 使用 App 类型

对 L 村村民的调查结果显示，抖音是村民们最常用的短视频 App，其次是微信视频号（表5-2）。88% 的被调查者表示经常使用抖音，这与一些研究者的结论大相径庭。有研究者的研究表明快手是乡村群体使用最多的短视频应用。由于 L 村地处郊区，是新农村建设的典范，村民文化素质及乡村经济发展程度都较高，村民与城镇居民的差异不大，故抖音在该村使用度颇高的现象并不足为奇。而在访谈对象的选择上，笔者也有意识地在抖音上进行查找。微信视频号是仅次于抖音的常用短视频 App，占比达34%。微信视频号虽然起步较晚，但其发展势头丝毫不逊抖音、快手等短视频 App 巨擘。究其原因，一是微信拥有庞大的用户群，12亿用户带来的巨大流量使其具备强大的资本吸引力。二是微信的裂变式传播方式具有先天优势，对流量具有稳定的控制力。在微信生态中，微信个人号、微信群、朋友圈可以转发视频号链接并直接打开。公众号、视频、个人号之间可以相互导流，形成流量闭环。传播方式的便利让更多用户选择微信视频号传播自制内容，获得好友点赞后又有机会获得其他人关注，从而形成滚雪球效应，这种裂变式传播具有其他平台无法比拟的优势。

表5-2　L村村民短视频 App 使用情况

选　　项	小计	比　　例	
抖音	44		88%
快手	7		14%
西瓜	2		4%
抖音火山版	5		10%
微信视频号	17		34%
其他	1		2%
本题有效填写人次	50		

L村村民在使用短视频的时间分布上有很大的灵活性，笔者在参与式观察中注意到，近半数的村民一有空就会观看短视频，刷短视频已然成为L村村民的主要娱乐方式。随着家庭无线网络在乡村的逐步普及，多数村民赋闲在家时，电视却处于经常性关机状态，传统的电视娱乐在L村已不再是村民主要的休闲方式。南方村落的农忙时段相对集中，且持续时间不算太长，村民有较多的空闲时间使用短视频软件，尤其晚上睡前和清晨醒后，是村民使用短视频的主要时间段，有村民甚至会在这些时段连续使用短视频超过2小时。

3. 关注内容

L村村民的短视频使用大多以休闲娱乐和技能学习为目的，观看内容上以搞笑段子、影视片段、帅哥美女等消遣娱乐类内容和生活技巧、化妆厨艺、旅游健身等技能学习类内容为主，分别占56%和58%。社会新闻、突发事件、知识科普等内容也是L村村民较为关注的内容，占比达52%。此外，直播也受到了村民们的广泛关注，女性被访者尤为明显。在L村，乡村女性对购物类直播也表现出浓厚兴趣，这一现象令人颇感意外。

调查发现，相较于短视频的娱乐性和购物等内容，部分L村村民更为关注短视频内容的实用性。在深度访谈中，被访者A是一名刚入职的高中物理老师，他表示会经常在抖音上观看教师经验、教育问题的解决等内容。而像A一样的L村村民的短视频使用行为有一定的代表性，他们并非单纯地追求娱乐，知识类内容更能引发他们使用短视频 App 的动机。B 是一名家庭主妇，初中肄业。访谈中笔者注意到 B 能听懂一些简单的英语口语，当笔者惊讶地询问其英文水平如何时，她笑称就是刷短视频的时候学了一点点，诸如"good，thank you，you are welcome"等简单的口语，她都学会了，也能进行简单的英语口语交流。对 L 村村民而言，短视频的娱乐功能固然令人兴奋，但其实用性也是他们关注的重点。

（二）使用动机分析

对考察对象短视频使用动机的分析，笔者采用问卷调查、参与式观察和深度访谈相结合的方式收集基本信息，在充分占有原始资料的基础上，对 L 村村民的短视频使用动机进行分析，旨在从 L 村短视频用户的角度出发，考察乡土短视频用户使用过程中的影响因素，揭示村民使用短视频 App 的主动性和积极性背后的逻辑动机。笔者认为，使用动机与使用体验密切相关，使用体验的优劣程度与使用动机产生的强度大小成正比。换言之，使用体验优则产生使用动机的强度大，反之则使用动机的产生强度小。在研究中，笔者借鉴了戴维斯提出的技术接受模型（Technology Acceptance Model，TAM）模型，该模型提出感知易用性和感知有用性影响用户对于新技术的态度与使用，后来又加入了感知娱乐性这一要素，拓展为 TAM 模型。[①] 用 TAM 技术接受模型分析农民的短视频 App 使用行为，其基本的假设前提是：当农民个体认为某项技术有用时，他们会更倾向于采用该技术。

1. 感知有用性

对感知有用性的分析，笔者以量表问题为手段着重考察了短视频对村民日常需要的满足程度。调查发现，受访者基于对兴趣满意度、实用性满意度、信息获取方便性、获利能力以及为日常生活提供的便利性等因素的考量，对短

---

① DAVIS F D. Perceived usefulness, perceived ease of use, and user acceptance of information technology[J].MIS Quarterly, 1989, 13(3): 319-340.

视频表现出较高的感受性并表示将继续使用。村民的短视频使用是一个自主行为，但基于的一个前提是短视频的使用能满足用户的使用需求，且这种满足应具有持续性，才能保证对用户形成使用黏性。在感知有用性的使用动机考察中，66%的受访者认同"短视频 App 上的内容非常多，我可以找到自己感兴趣的内容"的观点，只有8%的村民对此持否定态度，26%的人表示无法判断（表5-3）。深度访谈中被访者 D 的说辞也印证了这一点："我喜欢在抖音上买东西，因为有很多团购很便宜，比如说美甲、蛋糕、奶茶、烤肉等等。有时候在购物软件上看上一套护肤品，还要特地去抖音搜索，看看有没有直播间在卖，一般直播间的东西都会便宜一些。"

表5-3 L 村村民对"短视频 App 上的内容非常多，我可以找到自己感兴趣的内容"的态度

序号	选项	小计	比例
1	完全不同意	3	6%
2	不同意	1	2%
3	无法判断	13	26%
4	同意	19	38%
5	完全同意	14	28%
	本题有效填写人次	50	

在对短视频内容的有用性调查上，多数被访者都提及了技能的学习。60%的村民赞同"使用短视频 App 可以让我学到有用的东西"的观点，持中立态度表示无法判断的占30%，10%的村民表示不同意这种观点（表5-4）。数据表明，大多数 L 村村民通过短视频 App 学到了有用的东西。正如深度访谈中 B 提到的学习英语，访谈对象 E 也提到通过抖音学到了不少知识。E 是一名刚步入大学的大学生，属于涉世不深的社会小白，但求知欲很强，像防诈骗、女生的自我保护之类的视频她经常刷到。访谈中她谈道："有一天在去上课的路上遇到一对年龄较大的夫妇，说被偷了没钱回家，希望借900元作路费回家。我当时就警铃大作，因为刷到过类似的视频，正常人绝不会向弱者求助，更何况

是学生，我就说自己上课快迟到赶紧跑了，还好刷到过，不然就真的借给他们了"。

表5-4 L村村民对"使用短视频App可以让我学到有用的东西"的态度

序号	选　项	小计	比　　例	
1	完全不同意	2	◀	4%
2	不同意	3	◀	6%
3	无法判断	15	▬▬▬	30%
4	同意	18	▬▬▬	36%
5	完全同意	12	▬▬▬	24%
本题有效填写人次		50		

短视频传播的信息复杂而多元，但每个用户都有平等的信息访问权。不受年龄、地域、文化水平、经济条件等方面的限制。只要用户进入平台，原则上都可以获得类似的内容，上传的作品也可以平等地、不加区分地在网上传播。L村目前的经济发展水平、居民的思想文化需求与城市居民相比差异不大。他们对村落以外的信息有较强的接受能力，且对外部信息保持着朴素的正面印象与评价。调查中，68%的村民对"使用短视频软件可以让我接收到更多农村之外的信息""通过短视频软件我可以了解到很多突发事件和新闻"表示赞同。访谈者C主要从事养殖业，访谈中他提及短视频对其生活的影响时提道："短视频对我的影响啊，就是知道了先进的设备呗，我们在捕鱼期时，大家伙合伙一起捕鱼，原本用的是塑料渔网，刷短视频看到了用钓鱼线做的高强度渔网，就买回来了，捕鱼成功率大大上升，这挺有用的。"可见，短视频在满足村民获取更多村落外部信息需求的同时，也给村民带来了可感的实用价值。

传统媒体时代的村民只能通过电视或广播获取信息，移动传播时代这一现状发生了根本性变化。随着农民文化水平的提高和思想观念的更新，其对新闻信息的兴趣和接受度也越来越高。在网上观察的过程中，笔者注意到很多人都在热议湖南某医学院自建房屋倒塌事件。而这一突发新闻最初源自抖音用户拍摄并上传的视频。这种以短视频形式发布的地方性突发新闻，经常引起L

村村民的注意。在某种程度上,短视频满足了 L 村村民对获取当地突发信息和新闻的渴求。

对短视频 App 的感知有用性考察,还将其所具有的电商性质纳入了研究范围。快手、抖音等短视频平台既是大众娱乐平台,也具有电商平台性质,如抖音平台设置橱窗入口可放置博主推荐的各种商品,这些商品大多配以广告性质的视频宣传内容,以吸引粉丝购买。点进橱窗产品后可以在平台直接购买。此外,抖音和快手等平台均具有直播入口,直播卖货现象十分常见,通过观看主播的推荐内容感兴趣则可以直播间内直接跳转到下单链接购买。调查结果表明,54% 的村民认同"在短视频中购物能够为我的生活提供方便"的观点,持反对意见的则占20%。在 L 村,在短视频 App 上购物的村民占半数以上,但尚未达到普及的程度。比较而言,在短视频平台上,乡村男性比女性在购物上所受影响更小,购物更为理性。

2. 感知易用性

对于文化程度相对较低、媒介接触相对偏少的村民而言,短视频 App 使用的简便性对他们的媒介使用行为具有重大影响。农民的工作时间不固定,因此短视频使用行为随意性较大,短视频使用不受地点和时间限制对他们非常重要。笔者在参与式观察中发现,大多数村民使用短视频 App 是"有时间就看"的状态,这说明移动短视频操作简单,且不受时间、地点的限制。其易用性在村民的短视频实践中得到了直观呈现。短视频应用独特的算法则极大满足了村民的个性化需求,用户可以很轻松地获得感兴趣的信息,易用性在个性化信息价值的加持下,具备了更强的使用驱动力和更大的容错空间。问卷调查的数据显示,62% 的受访者赞同"短视频 App 操作简单,我可以随时随地拍摄视频并且发布",持反对意见的占18%(表5-5)。短视频用户自由观看、制作与发布的使用体验,增强了村民持续使用短视频的内在动机。

表5-5　L村村民对"短视频App操作简单，我可以随时随地拍摄视频并且发布"的态度

序号	选项	小计	比例	
1	完全不同意	6		12%
2	不同意	3		6%
3	无法判断	10		20%
4	同意	19		38%
5	完全同意	12		24%
本题有效填写人次		50		

3.感知娱乐性

感知娱乐性是指用户在使用短视频App的过程中，心理上所获得的愉悦与满足。短视频天然地具有娱乐属性，其最初获得村民青睐就在于其内容的生动与有趣。在访谈中，多位受访者坦言，短视频中有许多有趣的东西。在问卷调查中，64%的人同意"使用短视频App可以让我得到休息，打发无聊时间"的观点，不赞同者占16%（表5-6）。在观察过程中发现，L村村民对短视频中的配音或段子非常热衷，他们经常反复观看，有时还会与家人和朋友分享。这体现出短视频在提供娱乐性方面对村民具有的重要影响。

表5-6　L村村民对"使用短视频App可以让我得到休息，打发无聊时间"的态度

序号	选项	小计	比例	
1	完全不同意	6		12%
2	不同意	2		4%
3	无法判断	10		20%
4	同意	18		36%
5	完全同意	14		28%
本题有效填写人次		50		

四、农民的主体性表达

（一）表达方式：展示自我

L村有22个村民小组，笔者随机选择其中的8个组作为考察对象。调查发现，L村村民的短视频使用行为主要有两种：单纯的视频浏览和浏览兼上传视

频内容。发布过短视频的村民高达76%，其中16%的人会经常发布短视频（表5-7）。在人们的刻板印象中，农民是内敛含蓄的。但从 L 村的调查情况来看，村民的短视频使用行为较为普遍，部分村民的思想和文化意识较为开放和前卫，而展示自我是村民最直接的表达目的。

表5-7　L 村村民发布短视频的频率

选　　项	小计	比　　例	
从不发布	12		24%
较少发布	30		60%
经常发布	8		16%
本题有效填写人次	50		

在参与式观察中发现，L 村居民在短视频的使用上，性别差异较为显著。女性较男性使用时间更长，观看内容比男性更加丰富多样。调查中发现 L 村的许多女性对电商直播十分感兴趣，而大部分男性则表示不甚了解、兴趣不大。在电商平台的使用上，女性使用程度更高，且操作更为熟练，涉及商品类型也更多样。村民对电商直播的浓厚兴趣，是村民自我展示的一种现实折射，平台购物满足了人们对个性化商品的需求，而这一行为本身也是自我展示的过程，毕竟并非所有的村民都能对电商平台做到运用自如。从事美容美妆行业的访谈对象 F 谈道："我家搞装修的很多东西都是在直播间买的，直播间的商品又便宜又新奇，符合当下审美趋势，比线下选择空间大多了！灯具、床品、书桌、衣柜都是我在直播间买的，别人看了都说好，而且还便宜了不少呢！"

在短视频的使用和发布行为上，性别差异较为明显。受访者中女性使用、发布短视频的比例显著高于男性，且女性短视频 App 的个人页面大都发布了作品，草稿箱里还存有大量未发布作品。在内容上，既有日常生活的记录，也有生活技巧、化妆厨艺等技能学习内容，还包括搞笑段子、影视片段等娱乐内容。近6成受访者表示使用短视频的目的是记录生活、学习技能和消遣娱乐。"被看到"和"被点赞"是村民发布短视频最原始的追求和动力，资本操控下的流量获取行为尚不足以对村民形成导向性干扰。68%的受访者表示对流量、乡村网红并不关心，他们只是单纯地享受这种被观看、被认可的状态。当自我展示的社会效应在他人认同中得以放大和扩散，农民的主体性表达也得到了充分释放，并具有了持续发展的源动力。正如受访者A表示"既然发布了自己的视频，肯定是希望别人能点赞和评论的，看到别人对我视频的肯定，我很高兴，感觉自己也受到了肯定"。受访者G也表达了相似的观点"既然想发布自己的视频，那肯定是希望别人点赞和评论的，点赞人数多的话会很高兴，感觉自己被认可了，忍不住再看一遍自己的视频"。

农民在短视频实践中，以积极主动的姿态分享着自己的生活，记录着周围世界的事物，甚至用身体表演和行为展示等方式进行自我呈现，满足其自我展示的内在需求，传递着自己的个性、道德和价值观等精神内涵，形塑了完整而丰满的自我。农民的自我意识在这一过程中缓慢生长。

（二）表达意愿的逻辑动机

1. 被看见

短视频赋予了农民群体一种虚拟存在感，这种存在感来源于村民和周围环境、外部世界所建立的联系。村民们用短视频展示自己的生活，也加强了与社会的联系，是否"被看见"是他们对自己视频传播力和影响力的唯一评判标准。在对"使用短视频App可以让我暂时忘记现实生活的烦恼和压力，摆脱孤独"的态度测量上，62%的被调查者表示完全赞同。但笔者在访谈中也注意到，短视频里虚拟世界的喧嚣终究无法取代现实世界带给农民群体的真实感受，所谓的"媒体赋权"在农民群体的真实感受面前极其脆弱，多位被访者在谈及与城里人的比较时，认为自己"没有城里人过得好""社会地位低"，坦诚"羡慕城里人"。当城市精英们以一种高高在上的姿态将审视的目光投向乡村社会，赋权对农民群体而言，更像是一场自娱自乐的个人表演，短视频能引起的社会关注充满着不确定性，这种偶然性力量无法对乡村社会形成持续、根本性改观。但不可否认，短视频以"被看见"的方式赋予了农民群体微弱的存在感和自我表达的现实意义。

2. 被点赞

点赞是社交媒体的一种独特功能，如果说"被看见"是乡村自媒体人评判自己视频传播力和影响力的唯一因素，那么"被点赞"则是大众对短视频传播效力的投票。大众通过这种方式表达对视频内容的赞同态度。而点赞数则成为了决定一条短视频成败的关键，可以说"赞"是短视频赖以生存的基础，是短视频的生命。点赞对 L 村村民的视频上传行为有很大影响，但并没有成为村民视频上传行为的决定性因素。大多数被调查者表示"有人给我点赞，心里会高兴"，"感觉受到了肯定"。但许多人也表示，"没人点赞也会发"。虽然点赞数少会使村民上传的积极性受挫，但自娱自乐的主体性表达仍是他们的使用常态。

可见，点赞数是影响村民使用积极性和表达意愿强烈程度的重要因素。大部分村民出于自娱自乐的目的进行主动表达，点赞量的多少并不影响他们的表达意愿。相较于资本的规训，积极地自我表达意愿才是乡土短视频用户主体性建构的重要影响因素，也是农民建构自我角色的心理动机。

五、农民的自我角色建构

短视频的兴起，打破了长期以来农民形象由传统媒体为代表的第三方建构的局面，在短视频构建的虚拟场景里，农民呈现出与现实不同的形象和个性，主动呈现并建构着现实或理想的自我。

（一）农民的自我角色扮演

在移动互联网席卷乡村社会的当下，农民群体不由自主地被裹挟其中，他们用自己的方式顺应着潮流和时代之变，并以彼之道回应彼身。事实上，与人们对农民淳朴、封闭的刻板印象不同的是，新农村的农民可能是前卫的、开放而带有一点狡黠的，他们对新鲜事物是充满好奇和追求的。在理想与现实博弈下的农民，以个性的释放和形塑自我，展示其主体性并塑造自我角色。

在对 L 村的参与式观察和生活体验中，笔者深刻地感受到新时代农民的思想和行为方式所发生的变化，传统的面朝黄土背朝天式的农业生产不再是他们独属的唯一标签。在顺应时代变化的过程中，农民也在积极寻求拓宽经济来源的新渠道，副业和兼职成为他们改善经济来源的现实选择，并赋予了他们新的角色身份。在接受访谈的10名被访者中，有4人从事农业生产以外的副业，如 C 搞养殖，F 卖家具、G 开农家乐，H 做美容美妆。村民在这种多重身份的扮演中找到了有别于原有身份的存在感，并投射到短视频搭建的虚拟场景中，于是他们改变了自我的性格与个性，呈现与现实存在迥然有异的自我形象，并努力建构和完善这种自我角色。从农民创作的短视频内容来看，他们的这种个人展演是个性的释放，更是理想自我在虚拟世界里的现实投射。

"社会场景形成了我们语言表达及行为方式框架的基础"[①]，在不同场景中，人们具有不同的角色身份，会表现出不同的行为模式。在短视频的虚拟场景中，身份标签不再固定而刻板，可按照个人需求自由切换。由此，短视频成为农民群体展示自我、重塑身份标签、释放个性的媒介，在媒介塑造的乡土景观社会里，真实的农民个体表象下，可能是他们性格和行为的本真流露，也可能是理想自我驱动下的虚拟想象，但毋庸置疑，农民的自我角色在短视频实践中得以逐步完善和建构。

（二）女性话语权的提升

随着乡村经济的发展和乡村女性主体意识的觉醒，女性话语权也不断提升。越来越多的乡村女性除了参与一般性农业生产外，也从事其他副业。在 L 村的调查中就有多位从事副业的女性受访者。经济收入的获得使原本弱势的乡村女性获得了话语权，短视频在农村的广泛应用，使女性拥有了更多自表达和

[①] 梅罗维茨.消失的地域：电子媒介对社会行为的影响[M].肖志军，译.北京：清华大学出版社，2002：21-22.

展示的机会。在经济赋权和媒介赋权的双重作用下，女性的家庭地位和话语权不断提升。

短视频里的 L 村女性与现实大相径庭，她们展示出对娱乐生活的浓厚兴趣。笔者在线上观察中发现，发布短视频的更多是 L 村女性村民，她们对短视频的使用频率和熟练程度也显著高于男性村民，在发布短视频的次数和频率上，女性村民占有绝对优势。在观察对象中，有几位女性村民的抖音短视频粉丝数达到一千以上，最多的是一位女网红，粉丝数有1.1W。在短视频实践中，越来越多的女性摆脱了固有标签的束缚，敢于展现自我、分享生活并与他人互动。她们不再作为男性的附属而存在，真正拥有了自己的独立性。

在 L 村的参与式观察中，笔者仍然注意到一个现象：女性的身份信息相较于男性更为模糊。受访者能说出几乎每一个男性村民的名字，但却无法说出部分女性的真实姓名，而代之以"某妹子""某某堂客"之类的称谓。但没人觉得这有什么问题，在参加婚礼、葬礼等乡村习俗性仪式时，人情簿上也往往是男性的名字，极少写女性。在深度访谈中，笔者遇到了几位拒绝接受调查的女性村民，她们表示无话可说，并推荐自己的丈夫接受访谈。这种现象在农村依然存在，但这并不意味着乡村女性的个人身份被取代，缺乏独立性。事实上，在笔者的观察、访谈和调查中，大多数受访女性表现积极，甚至比男性更善于言辞，谈及内容也更丰富多样。乡村女性身份信息的模糊并未对其话语权的提升产生根本性影响，而女性对男性的依赖也只表现在少数女性村民身上，短视频建构的话语地位，让女性话语权的提升在乡村社会已然成为一种无法避免和不可逆转的趋势。

（三）个性化的解放

在人们的潜意识中，农民是内敛、不善言辞、难以接受新事物的。但笔者在线上观察的过程中感受到了新农人的巨大变化。与现实生活中的他们不同，短视频中 L 村村民有着丰富的生活和富有个性的心态。笔者观察了 L 村

20名短视频用户，他们的主页各不相同，有的关注各种各样的唱歌博主，有的欣赏各种化妆视频和服装穿搭，有的喜欢看戏曲，有的为各种展示厨艺的视频点赞、转发。

受访者 B 提到自己的短视频使用经历时谈道："这个抖音太方便了，里面啥都有，我平常就喜欢看看做饭啊吃播之类的，看他们吃得津津有味自己也馋，就买了不少主播推荐的速食产品。"在问到 B 在看直播之前的生活时，她说，"以前啊，一日三餐都得我来做，家里两个小孩两个老人，早上起床的时间不同，我有时候一天得做三四趟早餐，实在是没办法"。在接触抖音直播之后，B 买了不少主播推荐的食物，如螺蛳粉、南昌拌粉、鸡汤米线、烧卖、玉米等，美味的食物消融了家人对速食的偏见，不想做饭的时候就蒸几个包子馒头，轻松了不少。

随着移动互联网在乡村地区的普及，乡村用户有了更多接触外部世界的机会，观念的转变和经济能力的提升，使农民接受新事物的能力也进一步增强，在短视频信息的刺激和影响下，农民的个性得到释放。在问卷调查中，认为"我可以通过拍摄短视频记录我的日常生活和想法"的占52.3%，而认同"使用短视频可以展示我的特长和魅力"的占47.6%。短视频对日常生活的记录和个人魅力的展示，有利于农民的自我形象重塑和个性化解放，推动短视频实践在乡村社会的深入和融合。需要指出的是，应警惕乡村社会个性解放中的个体化现象，相对于过去，农民拥有了更多的自由或自主性，这些日益崛起的个体，从地方性共同体、宗族、家庭乃至亲密关系中解脱出来，把日常的生产和生活关系转变为即时性的交易关系。[①] 如何避免个体化带来的社会失范和极端个人主义，如何重建乡土团结与乡土公共性，实现农民合作与乡村自治，这是赋予乡土短视频实践的时代命题。

---

① 吴理财. 论个体化乡村社会的公共性建设 [J]. 探索与争鸣，2014（1）：54-58.

第四节　乡土短视频实践的公共性建构

在移动传播时代探讨媒介对于乡村文化生活、公共性构建的意义，需要关注在不同的媒介发展阶段，媒介所发挥的"呈现"与"连接"作用程度。根据麦克卢汉的"媒介即讯息"理论，"真正有意义的讯息并不是各个时代媒介提供的内容，而是媒介本身，人们只有拥有了某种媒介之后才有可能从事与之相适应的传播和其他社会活动"①。从广播到电视，再到以短视频为代表的移动终端，村民在不断的技术迭代中解放出来，变为自我诉求与表达的主体。乡土短视频打破了城乡二元对立格局，彰显了农民主体性和公共意识的崛起。

一、公共性视角下的大众媒介

大众媒介作为社会公共性的载体，在乡村文化生活中主要发挥呈现与连接的作用。一方面媒介呈现乡村社会与农民形象，从农民的视角审视外部世界，凸显农民的主体性，构建乡村文化生活。另一方面，媒介连接乡村社会的不同个体，将分散的农民与国家、社会联系起来，强化村庄内部的共同体意识，形成村民的公共领域，因此，在乡村振兴背景下探讨媒介对于乡村文化生活的意义，我们需要关注在不同的历史时期，媒介是否充分发挥了呈现与连接的作用。有学者从媒介史角度，将媒介与乡土公共性研究分为三个阶段：广播与乡土公共性的建立、电视与乡土公共性的消解、移动互联网与乡土公共性的重建。②在媒介与乡土公共性研究历程中，技术的迭代是彼此取代的，但媒介的发展并非相互取代而是共同编织着不同时代的媒介与乡村社会变迁的图景。

在新中国成立初期，广播作为一种不可或缺的政治整合力量，成为连接

---

① 郭庆光.传播学教程[M].2版.北京：中国人民大学出版社，2011：29.

② 沙垚，张思宇.公共性视角下的媒介与乡村文化生活[J].新闻与写作，2019（9）：21-25.

村民个体与国家的纽带，并促进村民公共意识的觉醒。广播以自上而下的方式嵌入乡村的日常生活，将农民广泛地动员和组织起来参与到乡村公共事务，从而建构起村庄公共性。[1] 电视在乡村的普及为村民提供了全新的信息获取方式，重塑了村民的社会生活和交往方式。但也忽略了的村民主体性并加剧了村民的原子化，村落公共空间由此不断走向衰落。带有强烈"城市中心主义"和"消费主义"色彩的电视内容与真实的乡村图景是截然不同的，电视呈现的虚幻乡村景观遮蔽了乡村社会的真实性与复杂性，而作为提供信息和娱乐的一项技术，村民对电视的消费取代了村内的公共交流。[2]

移动传播时代，随着移动互联网在乡村社会的普及，村民实现了个体与族群、村庄与外部世界的连接，并由此展开各类媒介实践活动。村民对抖音、快手等短视频的观看形成了地方社会的凸显与村庄公共交往的再造。[3] 移动传播使乡土公共空间由线下拓展到线上，并通过网络公共空间实现了"共同在场"。

对乡土短视频实践的考察，关键在于其作为一种新的媒介形态，其能在多大层面上重构乡土公共性。笔者结合在5省20村的乡村调研数据，梳理了乡村社会移动媒介发展的现状、问题与影响因素，试图在此基础上探究乡土短视频重构乡土公共性的现实逻辑。显然，乡土短视频生产不是一种自上而下的生产逻辑，而是在农民个体展演、模仿等心理因素和资本操控、流量变现等利益因素共同作用下的资本逻辑，但不可否认，资本操控下的短视频实践成为凝聚公共力量、拓展公共话语空间的活动。

[1] 沙垚，张思宇. 作为"新媒体"的农村广播：社会治理与群众路线 [J]. 国际新闻界，2021，43（1）：120-137.

[2] 陈新民，王旭升. 电视的普及与村落"饭市"的衰落：对古坡大坪村的田野调查 [J]. 国际新闻界，2009（4）：63-67，72.

[3] 何志武，董红兵. 短视频"下乡"与老年群体的日常生活重构：基于一个华北村庄的田野调查 [J]. 新闻与传播评论，2021，74（3）：14-23.

二、乡土短视频实践的公共性考查

（一）再现、模仿与从众：再造想象与公共性的消解

再现是用一种可感知的媒介携带意义，成为符号载体。[①] 媒介再现是人们的一种符号选择与建构，是媒介对事件的再呈现和文化主体运用媒介产生新意义的过程。村民通过基于现实生活的短视频生产，再现了乡村社会的现实生活图景。乡村自媒体人以集体内容生产的方式，用不同的视角和各异的叙事风格，展示着乡村的各种碎片化场景，并通过对碎片的拼接构建着人们关于乡村社会的各种想象。

模仿是乡土短视频集体生产的推演逻辑，正如塔尔德所指出的那样，模仿是"最基本的社会现象"，是通过人的社会互动发生的。模仿机制在社交与共同文化生产中具有重要作用，在社交媒体语境下，模仿行为可以建立个体之间的社会交往，参与共同的社会文化仪式的塑造。[②] 从众是被边缘化的乡村群体挑战都市话语的一种被动行为，他们试图以新的身份进入其所向往的城市公共空间。显然，从众并不能代表乡村社会的主流话语，它能否为都市话语所接受以及在多大程度上被接受，都有待乡土短视频在实践中予以回答。

乡土短视频的集体生产与村民在内容和行为上的模仿、从众密切相关，换言之，短视频是村民内容生产和行为模式的载体和表达形式。任何文化活动都可能成为通过复制、变异而传播的基本文化单位，短视频平台的精准推送可以在短期内产生更多产品、获取更多注意。当村民的仿效与从众行为在资本和利益的驱动下不断收获流量支持，模仿和从众心理支配下的视频表达就成为一种司空见惯的行为逻辑。乡村自媒体人在短视频平台上建构起一个虚拟的、网

[①] 赵毅衡."表征"还是"再现"？一个不能再"姑且"下去的重要概念区分 [J]. 国际新闻界，2017，39（8）：23-37.

[②] 常江，田浩. 迷因理论视域下的短视频文化：基于抖音的个案研究 [J]. 新闻与写作，2018（12）：32-39.

络化的村庄，村庄公共交流空间实现了从现实物质空间到网络虚拟空间的转变。需要警惕的是，乡村公共领域的审美意味可能被短视频极力呈现的浅薄、空洞、粗鄙、噱头、戏谑的审丑个性及功利主张所替代，进而导致真正参与乡村公共领域话语的消逝。[①]

（二）赋权与竞争：数字赋权与乡土公共性重建

数字赋权使村务微信群、短视频平台等成为乡土公共性再生产的重要载体，为再造乡土公共性提供了新的空间和形态。大众媒介促进了乡村信息的流动和文化的交流，凝聚了公共性力量，在乡土公共性生产中发挥着联结与整合的作用。数字赋权消解了传统意义上政府控制文化资源的权威性，农民的文化生活不再是统一安排、被动接受的消极样态，而是一种积极的自我选择和自我建构的过程。媒介赋权下的农民主体性大大增强，他们可以观看自主选择的各类短视频，也可以创作个性化的短视频内容，在短视频生产者之间的互动交流中，农民建构起自我的文化生活。但在技术鸿沟、城乡区隔、文化差异等多重因素的互作下，农民的深度参与并不会在更大范围内扩散，其主体性自我文化构建也不能将乡土文化从技术桎梏中获得解脱，媒介赋权的背后是残酷的底层物语。

乡村自媒体人在短视频实践中的各种尝试，在数据上产生了不同的结果反馈。有的村民生产的视频能迅速引发一定关注，也有的视频反响平平。为了被看见或者获得点赞数，乡村自媒体实践者在数据上展开了无声的较量，竞争成为村民"被看见"和"被点赞"动机驱使下的数据较量表征。一方面，人们加强对短视频平台的了解、学习和使用，不断强化自身的视频创作能力；另一方面，在这场以线上数据为核心的竞争中，创作者所拥有的社会资源和文化资本成为决定性因素，而短视频平台的数据也在客观上支持了这一点，即拥有更

---

① 李红艳，冉学平.乡村社会的另一种"凸显"：基于抖音短视频的思考 [J].新闻大学，
　2020（2）：94-101，122-123.

多社会资源和文化资本的创作者在竞争中占据上风，而文化程度较低、年龄偏大的农民个体受文化水平和媒介使用技术所限，在数据表现上处于相对劣势，这引发了人们对媒介赋权的理性思考。显然，数据竞争只是乡土短视频实践中农民集体行动的行为表征，让农民将目光聚焦到村庄公共事务，用公共思维去认识、用公共规则指导乡土实践，才是媒介赋权的真正意义，才能真正激发乡土短视频实践的公共性力量。

（三）互动交往与治理：乡土公共性重建与乡村治理

在传统媒体时代，村民之间的交谈主要围绕个人日常生活事务展开，人际互动交往中对公共事务的讨论往往缺乏权威性和公信力，也很难达成共识，因此，公共议题往往出现在更为正式和严肃的场合。随着城镇化进程的推进、乡村人口大量外流、乡村社会原子化、空心化现象不断加剧，村民间的深入对话交往失去了时空上的可能性，以移动互联为基本特征的移动传播成为村民互动交往的主要形式，网络公共空间承载了乡村内生话语呈现。在移动传播构建的公共空间里，村民对话交往的主题由个人层面向村庄集体层面深化，公共议题逐渐进入村民视野、村庄公共交往行动日渐丰富。村民在自己的媒介使用行为中开始有意识地将个人行为与村庄集体命运相联结。

"村民参与媒介使用，最重要的是能通过媒介信息生产活动来挖掘村民自我发展的潜能和寻找村落发展的机会。"[①] 乡土公共性不仅体现在村民之间互动交往的行动上，还呈现在制作的短视频内容对公共事务的关注里。村民的集体内容生产凸显了村民个体对的村庄命运共同体意识，基于移动传播的新的公共交往方式，建构起基于村民自我价值认同的文化共同体。在社会变迁中发挥着沟通社会与组织社会的作用，正如学者沙垚所指出的那样，当代新媒体进入乡村要发挥一定的治理功能，不能仅仅作为提供娱乐和展示消费的工具，而是

---

① 孙信茹，杨星星.媒介化社会中的少数民族村民传播实践与赋权：云南大羊普米族村的研究个案 [J].现代传播（中国传媒大学学报），2012，34（3）：23-28.

要嵌入乡村的政治经济和社会，通过社会治理的方式介入或重构农村的生产生活，并与农村社会结构发生深层互动。[①] 媒介要发挥沟通与整合乡村社会的作用，其前提是需要村民个体的"共同在场"，因此，既不能孤立看待村民的媒介使用行为而盲目乐观，也不能忽视乡土短视频实践的公共性建构意义而妄自菲薄。村民在从众心理、竞争机制和互动交往行动表达中，建立起乡村社会的移动传播矩阵，在短视频的乡村景观呈现中，推动乡土短视频实践从个体化表达向公共性建构的转移，乡土短视频的生产和传播成为重建乡土公共性的一种有益实践。值得注意的是，在资本的操持下，重构乡土公共性的既需要从乡村内部着手，激发村民的主体性和积极性，发掘乡村的内生性力量，也需要从整体性视角出发，为重塑乡土公共空间提供必要的外部力量支撑。

数字技术和网络的发展，实现了媒介传播从单向传播向双向互动传播的转变，也把公共领域的机制扩展到网络媒体。在我国的许多农村地区，互联网早已成为人们接受信息的主要载体，人们在网络的虚拟公共空间自由表达意见、平等讨论和参与公共事务。基于移动传播的网络公共空间给日渐衰落的乡村公共领域提供了新的转机，微信等新媒体搭建的在线平台以虚拟公共性重构乡村内生秩序，在乡村社会变迁中发挥着沟通与组织社会的作用。从传播治理的角度看，移动传播与乡村社会的深层互动，对重建乡村公共生活、再造乡土团结、捍卫乡土公共性原则具有积极意义。

---

① 沙垚，张思宇. 作为"新媒体"的农村广播：社会治理与群众路线 [J]. 国际新闻界，2021，43（1）：120-137.

第六章　移动传播重构乡土公共性的现实路径

本章从乡土公共空间、乡土公共秩序和乡土公共精神三个层面，探讨乡土公共性重构的现实路径。乡土公共空间的衰落和转向，为重构乡土公共空间带来了新的机遇和挑战。媒介赋能乡村为重构乡土公共文化空间提供了技术支撑和空间载体，移动传播为混乱并趋于解体的乡土公共秩序和不断衰落的乡土公共精神提供了恢复与重建的契机与途径，为重构乡土公共秩序、重振乡土公共精神提供了平台和新的可能性。

第一节　移动传播重塑乡土公共空间

乡土公共空间是相对于私人领域和国家权力领域而言的乡村公共领域，是承载乡土公共性的主要载体，对乡村社会公共舆论的形成和公共精神的培育发挥着举足轻重的作用，是对乡村社会发展进程的整合与沉淀。从宏观层面看，公共性是超越个体和家庭层面、能够动员社会成员参与公共事务的组织性力量、凝聚性权力和权威性认同。[1]从微观层面看，公共性意味着个体在追求自身权利与自由的同时，也应充分意识到应承担的义务与责任，兼顾与之相关的他人、组织乃至社会的整体利益。重构乡土公共空间的核心是建构乡土公共

---

[1] 吴理财. 公共性的消解与重建 [M]. 北京：知识产权出版社，2014：219.

性，公共性的社会交往是个体无法回避的生活方式，而乡土公共空间是乡村个体追求私人空间与权利自由的前提和保障。

一、乡土公共空间的衰落

在传统时期的乡村社会，乡土公共空间的形成主要建立在地缘关系、宗族制度、社会关系与结构等基础之上，具有地域性、自发性的特点。新中国成立后，以人民公社为代表的国家权力主导了乡村社会的政治生活，国家力量运用各种方式加强对乡村社会的治理，村庄活动都在集体的组织下进行，乡土公共空间的形成与发展处于非自然生长的状态，是国家规划式形塑的结果。在这一过程中，一部分乡土公共空间被摧毁或逐渐衰落，如在土改、人民公社及文化大革命时期，依靠宗族关系建立起来的宗庙祠堂等几乎损毁殆尽。在国家力量的严格管控下，部分乡土公共空间逐渐消失，取而代之的是以国家力量为主导、具有集体性质的乡村空间，其"公共性"的特点尤为明显。

改革开放后，乡村社会生产生活方式发生重大转变，传统乡土公共空间面临衰败之势。随着工业化、城镇化进程的持续推进，原本静止封闭的乡村逐步走向开放、异质，人员的流动性大大增强，乡村社会的传统公共空间日渐衰落并趋于解体，部分传统乡土村公共空间消解。改革开放的实行意味着国家权力在乡村社会的退场，进一步带来了传统宗族关系的日渐式微，农民从原本牢固的国家制度体系、宗族关系脱离出来，拥有了更为自由的空间和身份，但这使村庄共同体的凝聚力不断消解，乡村社会采取集体行动缺乏强有力的平台支撑，开始面临"原子化"的困境。随着城市化的发展，乡村社会的生产生活方式发生根本性变化，多数乡村青壮年选择进城务工，农业生产不再是人们谋生的唯一手段，田间地头、晾晒场、大树下等早期公共场所逐渐消失。

传统乡土公共空间的衰落还表现为乡土公共空间的使用率不断降低。随着乡村人口向城镇的大量外流和乡村社会离散化、空心化的趋势不断加剧，传统乡土公共空间的活力明显衰退并趋于消散，人们不再像过去那般频繁地聚在一起交流、谈论，加之移动传播在乡村的快速发展与现代通信设备的广泛普及，村民获取信息的渠道和便捷性大大增加，人在家中坐，全晓天下事。于是，居家自娱自乐逐渐取代了传统串门聊天的方式，移动传播带来的乡村社会生活方式的一系列变化，进一步降低了传统公共空间的使用率。

同时，传统乡土公共空间的公共性进一步流失，村民的集体意识不断弱化，参与村庄公共事务的意识淡薄，对政治参等公共生活缺乏热情和动力。伴随着乡村社会个体化进程的发展，趋利化、物质化的趋势在乡村社会开始盛行，乡村社会传统的公共活动也发生了明显变化。从20世纪90年代中期开始，在乡村社会的社会关系领域，越来越多的人从地方性共同体、家族、家庭乃至亲密关系中解脱出来，把日常性生产和生活关系转变为即时性交易关系。[1] 以乡村社会的人情往来为例，传统的礼尚往来更多承载的是人际交往的功能，但在个体化洗礼下的乡村社会，一些人对物质、金钱的看重超越了人情往来所提供的交往价值本身，人情异化为敛财的手段，成为农民经济地位分化的标志，以至于经济条件较差的村民不得不从中退出。[2] 此外，在一些公共活动和公共事务中，人们"搭便车"的行为也时有发生，乡村共同体的凝聚力和权威性遭到了严重破坏。

中国的乡村是以农业经济形态为主的庞大社会结构，相较于城市社会而言，乡土公共空间的形成与发展有着得天独厚的优势。但在工业化、城镇化的快速推进下，大量乡村人口外流造成了乡村社会离散化、空心化现象，原本稳定的形成乡土公共空间优势失去了存在的基础，主体流失成为公共空间发展的主要问题。曾经的熟人社会变成了无主体熟人社会，乡村社会共同体精神逐步消解，个体重私利、轻大义，对公共事务冷漠，乡村社会的传统秩序难以维系。重建乡土公共空间必要而紧迫，无论是通过国家力量嵌入抑或建设农村自组

---

① 吴理财. 论个体化乡村社会的公共性建设 [J]. 探索与争鸣，2014（1）：54-58.
② 宋丽娜. 人情的社会基础研究 [D]. 武汉：华中科技大学，2011.

织，重构乡土公共空间的关键在于村民主体自身，只有加强"在村村民"与"不在村村民"之间的联动，强化主体间的互动与联系，才能通过实现"共同在场"重构乡土公共空间、重构乡土公共性。

二、媒介赋能乡土公共空间再生产

乡村振兴背景下，新媒体赋能乡村内容生产与消费，移动传播自由开放的内容生产与消费模式，为村民提供了广阔的话语空间。虽然都市人群对日常生活的审美已成为一种常态，但对生活在乡村社会底层的民众而言，生活与审美之间仍然存在难以逾越的鸿沟。媒介赋能乡土公共空间再生产是一个复杂且重要的过程，它涉及乡村社会、文化、经济等多个方面的变革与提升。在这个过程中，媒介扮演着关键角色，通过传播信息、构建社会关系、塑造文化认同等方式，促进了乡土公共空间的再生产。

首先，媒介通过传播信息，促进了乡土公共空间的信息流通和共享。传统乡村社会的信息传播往往受限于地域和人际网络，而现代传媒技术的发展打破了这一限制，使得村民可以更加便捷地获取和分享信息，这为乡土公共空间的生产和再生产提供了强大的技术支撑和丰富的信息资源。在移动传播时代，对"乡村"与"媒介"关联的解析，离不开"媒介化社会"的基本背景。[①] 媒介作为信息传播机构，早已成为人们获取知识、观念和形象的主要渠道之一。即便在社会化媒体的加持下，媒介仍然维持着一个最基本的逻辑：审美的主体是观看者而非表演者。都市精英具有话语权优势，主导了都市叙事的视角、结构与方式，而作为回应都市想象的乡村却沦为都市叙事的附属，充斥着无法摆脱的"被观看"的尴尬。但不可否认，乡村的"出场"极大缓解了都市人的紧张与焦虑，它将自身置于一个稳定而持久的生产空间中，让时空上的乡土记忆、乡愁成为都市叙事中的独特景观，并迎合都市群体的再造想象。

---

① 孙信茹，杨星星."媒介化社会"中的传播与乡村社会变迁 [J].国际新闻界,2013（7）:87-93.

其次，媒介在构建乡村社会关系方面发挥着重要作用。乡土公共空间是乡村社会关系的重要载体，村民通过广播电视、互联网等媒介平台，不仅可以及时了解乡村内外的各类信息和发展动态，还加强了彼此间的互动和社会联系，增进了对乡村的认同和归属感。移动社交媒体平台为村民提供了交流互动的空间，使得他们可以跨越地域限制，共同参与到乡土公共空间的生产和再生产过程中来。这种参与和互动不仅丰富了村民的精神文化生活，还加强了他们之间的社会联系和凝聚力。

此外，媒介还通过塑造文化认同，推动乡土公共空间的再生产。乡土公共空间不仅是物理空间，更是文化空间和社会空间。媒介通过传播乡村文化、塑造乡村形象等方式，使村民深入了解自己的文化根源和传统价值，可以增强村民对乡村文化的认同感和归属感，进而激发他们参与乡土公共空间再生产的积极性和主动性，推动乡土文化的传承与发展。

然而，媒介赋能乡土公共空间再生产也面临一系列现实问题。在乡村社会的移动传播实践中，公共空间的再生产表现为一种复杂的生产结构。信息茧房、虚假信息、媒介技术的普及和应用程度的差异等问题，在乡村社会表现得更为明显，这些都使乡土公共空间的再生产面临着严峻的挑战。同时，媒介赋权与乡村传统社会关系和文化价值之间的关系平衡，也是一个需要深入思考的问题。事实上，乡土公共空间鲜少被都市精英群体关注，即便被纳入讨论范畴也往往处在都市人群对乡村的凝视中，乡村始终处于被围观的尴尬境地，乡村社会的实践者以底层视角、身体表演的方式呈现乡土公共空间，成就了一场都市人猎奇的狂欢。因此，乡村媒介赋权仍需在"公共性的重建"中更进一步。[1]

随着城市化进程的不断发展和深入，一场普遍而深刻的现代性危机令人猝不及防。生命经验的连续性和一体感被扑面而来的现代生活完整地击碎了，

---

[1] 沙垚.新媒介与乡村：从科技兴农、媒介赋权到公共性重建[J].江西师范大学学报（哲学社会科学版），2020，53（5）：89-95.

城市留给世界的是一个个精神上"孤独的人"。为了逃离当前的空间，人们必须人为制造一个与其对立的空间。[①] 随着社会化媒体时代的到来，传统的叙事形态发生了根本性变化，"用户生产内容"使乡村逐渐挣脱了牢固的都市叙事枷锁，乡村日常生活逐渐进入媒介视野，乡村自媒体实践者的自我表达欲望得到空前释放，为其获得独立话语权提供了可能。随着移动传播深度渗入现代社会的肌理，传统媒体时代都市精英牢牢把控的叙事话语权开始不断下沉，底层物语在这场意味深长的"赋权"行动中得以凸显。

综上所述，媒介赋能乡土公共空间再生产是一个具有潜力和挑战的过程。通过充分利用媒介的传播优势和技术特点，结合乡村社会的实际情况和需求，我们可以推动乡土公共空间的再生产，促进乡村社会的全面发展和进步。

三、乡村空间的转向

20世纪60年代以来，在批评领域发生了一场普遍而深刻的批评转向，爱德华·索亚称之为"空间转向"，空间批评成为一种逐渐兴起的认识论。所谓空间认识论，意味着从空间的维度来把握现代生活和现代性逻辑。[②]

空间转向反映的是人们对空间与社会的关系的考察与认知。正如马克思所指出的那样，资本主义的推进和实现是一个物质化的进程，必然体现为一个空间化过程。空间"表现了某种阶级的或者其他的社会内容，并且往往成为剧烈的社会斗争的焦点"[③]。空间不是一个纯粹的物质场所，它所承载的社会学内涵早已超越了物理属性本身，"空间被列为生产力与生产资料、列为生产的社会关系，以及特别是其再生产的一部分"[④]。空间认识论对乡土公共空间具有重要的现实价值，其突出的价值在于明确了公共空间背后的社会物质基础与生产

---

① 哈布瓦赫.论集体记忆 [M]. 毕然，郭金华，译.上海：上海人民出版社，2002：87.

② 刘涛.短视频、乡村空间生产与艰难的阶层流动 [J].教育传媒研究，2018（6）：13-16.

③ 哈维.后现代的状况：对文化变迁之缘起的探究 [M].阎嘉，译.北京：商务印书馆，2003：299.

④ 包亚明.现代性与空间的生产 [M].上海：上海教育出版社，2003：52.

结构。如果将乡村空间视作一个纯粹的物质场所，那么空间与空间之间的关联将受到极大限制，对乡村社会而言，低估资本在空间意义上的掌控力，其结果是乡村的生存空间将被不断挤压乃至失去存在的物质基础。当资本将视野转向空间领域，资本对特定空间的生产与改造实践，奠定了乡村新空间的现实格局。

相较于传统媒体时代，移动传播时代的乡土公共空间生产在生产结构、生产方式等方面发生了显著变化。传统媒体对乡村空间的关注具有较大的局限性，这表现在其对乡村的景观叙事中，或是关照底层群体的现实苦痛，或是传播主流意识形态，从而将乡村空间景观推向媒介景观建构的 C 位。可见，乡村空间在媒介景观中的呈现多为权力规划的结果，服务于某种崇高的意识形态，乡村是否出场以及以何种方式出场，离不开主流话语的规划与安排。[①] 正因为此，乡村空间注定无法以积极主动的方式进入公众视野，而只能以一种"被出场"的方式呈现。因此，空间生产并非绝对的真实事件，但却为人们提供了一个认知与审视社会现实与社会关系结构的认知框架。"空间在其本身也许是原始赐予的，但空间的组织和意义却是社会变化、社会转型和社会经验的产物。"[②]

媒介传播对乡土公共性再生产以及乡村社会治理转型的影响，反映了国家力量通过媒介对乡村社会的介入形态。[③] 在传统媒体对乡村空间的叙事话语中，对主流意识形态的遵从是媒介建构乡村空间景观的基本生产逻辑，决定着乡村空间生产的结构、方式和观念，底层物语常常被遮蔽而游离在话语体系的边缘。进入移动传播时代，社会化媒体的兴起使乡村空间的"出场"具有了媒介化的现实意味。传统媒体与社会化媒体对乡村空间的叙事形成了截然不同的

---

① 刘涛. 短视频、乡村空间生产与艰难的阶层流动 [J]. 教育传媒研究，2018（6）：13-16.

② 苏贾. 后现代地理学：重申批判社会理论中的空间 [M]. 王文斌，译，北京：商务印书馆，2004：121.

③ 吴振其，郭诚诚. 从高音喇叭到低声微信群：乡村公共性再生产与社会治理转型——基于一个华北村庄的田野调查 [J]. 中国农村观察，2023（2）：34-52.

风格，传统媒体的关注点集中在乡村重大空间，而社会化媒体则聚焦乡村日常生活空间，这种从重大空间向日常空间的转向，是移动传播时代乡村空间重构的鲜明特色，主体可见性驱动空间实践。

以乡土短视频为例，快手、抖音里的乡土短视频呈现的都是普通的乡村日常生活，在传统媒体格局下，重大空间的出现，往往伴随着一个脉络清晰的社会政治语境，而空间生产成为对重大空间的选择和确认的一种过程性呈现。在媒体刻意呈现的所谓重大空间里，或是某种群体事件在上演，或是某种底层苦难的叙事，或是某种主流话语的表达，这些内容在"新闻价值"这种修辞话语的包装下，得以体面登场。与此同时，乡土短视频里呈现的普通人的日常，往往是一种碎片化的"空间拼图"，人们很难从中提炼出某种成熟的逻辑，也很难找到某种稳定的结构，这使得短视频中的乡村空间脱离了政治话语的支配体系，成为一种游离于权力逻辑之外的特殊存在。

如果说媒介赋能乡土公共空间再生产，那么乡土短视频的赋权逻辑主要聚焦乡村空间的"可见性"问题。在可视化转型框架下，乡土短视频成为乡村自我展示与对外交流的桥梁。乡土短视频捕捉乡村生活片段，将乡村角落推向大众舞台，实现了从"不可见"到"可视化"的华丽转身。这一过程不仅赋予了乡村空间新的生命力，也为乡村社会赢得了更多的关注与资源。阿伦特将"可见性"视为一个与公共性密切关联的问题，并赋予了其积极的内涵。在阿伦特看来，只有成为可见的存在物，人们才可以进入公共领域，因而才能获得更广泛的公共性。[①] 社会化媒体为人们打开了一扇通往公共领域的大门，在很大程度上改变了人们与公共生活的关系，它为人们提供了表达自我、参与公共讨论的平台，更重要的是个体具备了管理和支配自己"可见性"的能力。社会化媒体赋予了人们"以自己的方式被看见的权利"，凸显了现代社会中个体表

---

① 阿伦特. 人的条件 [M]. 竺乾威，王世雄，胡泳浩，等译. 上海：上海人民出版社，1999：38.

达和被认同的重要性。

在移动传播时代，手机等智能媒体成为一种新的传播力量，不仅连接了乡村与城市，汇聚了乡村空间中的各种情绪、意义与价值，还深刻塑造了乡村空间的社会生态。曾经被边缘化的乡村，展现出了前所未有的活力与多样性。在智能媒体的推动下，空间这一传统意义上的物理范畴，逐渐演变成一种新型的社会化媒介，不仅承载着乡村的自然风光与人文景观，更成为一个互动与交流的平台，空间中的社会生产关系超越了物理界限，形成了跨越时空的紧密联系。正是社会化媒体这一推手，挖掘了乡村空间的深层内涵，使其以更加生动、立体的方式展现在世人面前，同时赋予了村民自我表达与展示的权利，使其可以自主选择以何种可见的方式进入公共视野。由此，乡村空间从相对封闭、静止的空间，开始转向为开放、流动的状态。乡村空间的社会化生产在与其他空间的碰撞、融合与重构中，形成了一种全新的空间实践。

四、乡土公共文化空间重塑

移动传播语境下，重塑乡土公共文化空间的关键在于加强和引导乡土公共文化建设，构建紧密和富有活力的乡土文化氛围。由于乡村社会内生的社会关联趋于解体，农民之间的联系越来越松散，合作能力越来越弱，单纯依靠村庄自发力量尚不足以有所作为，国家力量在尊重地方文化和民间传统的基础上，引导乡土公共文化建设，对于重建乡土公共性意义重大。

公共文化是超出个人或家庭范畴的文化活动、文化组织和文化设施等，其不仅具有娱乐属性，还具有凝聚人心、建构认同、增强归属感的功能，在重构乡土公共性的过程中，文化的作用无可替代。通过公共性文化活动，将离散的村民聚集在一起，在完成文化活动的过程中感受文化背后所承载的价值与意义，以此形成公共规则和公共舆论。当然，这一过程不会一帆风顺，需要国家力量和村庄共同体形成合力善加引导，积极挖掘乡村社会独具特色的乡土文化，重构乡村社会认同。

加强乡村社会公共文化建设，充分发挥村庄共同体的基础作用至关重要。在移动传播背景下，村庄早已失去往日的权威性，也不再具备集体动员的公共性力量。与此同时，在市场化浪潮的冲击下，乡村社会的权威角色也发生了异化，经济因素成为人们对权威认同与否的评价标准。但如若乡村经济精英并不热衷于将物质财富转变为公益性力量，权威和认同便无法形成。权威衰弱对重构乡土公共空间形成了很大障碍，重塑权威亟待通过调动村庄中的文化资源、道德资源等推动公共文化建设来实现。经济标准不应成为乡村社会权威认同的唯一评价标准，热衷村庄公共事务并贡献卓著者理应得到尊重和荣誉，村庄内生权威依托公共空间对不同阶层的整合与吸纳应成为乡村社会的必然选择。

移动技术与网络的快速发展，为重塑乡土公共文化空间注入了新的活力，并推动了乡土公共文化空间的现代转型。同时，乡土公共文化空间的功能和形态发生了深刻变革。随着移动互联网在乡村地区的普及，乡村公共活动空间形成了线上线下相结合的新模式，村民在享受数字技术红利的同时，其文化需求也发生了重大变化，不仅关注文化活动的内容和形式，还注重活动的互动性和体验感。在移动传播背景下，乡土公共文化空间重塑是重构乡土公共性的必然选择。

（一）移动传播重塑乡土公共文化空间存在的问题

1.信息鸿沟

移动传播时代，由于对信息、网络技术的拥有、应用以及创新能力的差别，城乡间的信息落差及贫富呈现两极分化的趋势，乡村地区的信息鸿沟问题尤为突出。信息鸿沟具体表现为以互联网为代表的新数字媒体接触和使用状况的差异，城乡居民在拥有和使用信息技术方面的差距以及在信息技术使用中产生的显著差异。当然，信息鸿沟所反映的不仅是技术层面的问题，更是社会层面的深层次问题。在重构乡土公共文化空间过程中，信息鸿沟所带来的不平等传播，对村民的信息获取形成了严重限制，也阻碍了乡村文化的有效传播，并可能进一步加剧城乡的社会分化和信息、文化贫困。因此，在重塑乡土公共文化空间的过程中，移动传播应努力弥合城乡信息鸿沟，加强对乡土公共文化空间的建设与管理。

2. 信息超载

在移动传播时代，信息的海量、即时和互动为人们提供了前所未有的信息体验，但也导致了"信息超载"现象的出现。尤其在广大的乡村地区，信息超载不仅造成信息传播的低效，甚至给乡村社会带来了不良信息传播，严重影响乡村文化的健康发展，给乡村社会带来极大负面影响。一方面，由于村民文化水平、媒介素养等相对较低，其信息处理能力无法匹配信息接收容量；另一方面，远超人们信息处理能力的大量信息传播，造成谣言、网络暴力、虚假信息传播等现象在乡土公共文化空间建设中屡见不鲜，不仅损害了村民的合法权益，还破坏了乡村社会的和谐氛围，甚至可能引发一系列社会问题。

3. 数字文化失范

移动传播时代的乡土公共文化空间，面临着数字文化失范的严峻挑战，突出地表现为过度消费传播，移动传播本应连接城乡文化、传承乡土价值的功能弱化，甚至被异化为满足娱乐、刺激消费欲望的工具。这主要表现在以下三方面：首先，从传播方式上来看，一些新媒体平台以追求点击量、关注度为目标，导致低俗、媚俗内容的泛滥，严重损害了乡土文化的原貌；其次，乡土公共文化空间中存在过度消费传播的现象，如通过将传统文化元素进行简单拼接和改编来赚取流量的方式，不仅无法体现传统文化的深厚底蕴，反而会让村民对传统乡土文化产生误解和偏见；再次，就受众层面而言，村民是乡土公共文化空间建设的主要参与者，其媒介素养和文化选择能力直接影响着乡村文化的健康发展。由于村民常常沉迷于浅层感官体验而无法自拔，这不仅剥夺了他们深入思考和批判性选择的权利，也阻碍了他们对乡村文化价值的认同和传承。

（二）重塑乡土公共文化空间的路径

在移动传播视域下，重塑乡土公共文化空间可以从三方面着手：一是加强数字基础设施建设，这是推动乡村文化振兴、重塑乡土公共文化空间化的重要途径；二是提升村民数字素养与技能，这是推动乡土公共文化空间数字化转型的有力保障；三是创新乡土公共文化传播的内容与方式，这是乡村文化传承与发展的动力。

1. 加强数字基础设施建设

数字基础设施建设不仅可以提升乡土公共文化空间的品质，还可为村民提供更加便捷、多样化的文化服务。优化乡村用户的移动互联网使用体验，加强基础设施建设，有助于推动乡土文化的传承与创新，激发村民的文化创造力和参与热情，推动乡村经济发展并进一步促进乡村的可持续发展。

2. 提升村民数字技能与媒介素养

在移动传播时代，数字技能是连接外部世界、享受现代文化服务的重要途径，媒介素养体现了人们面对不同媒体各种信息的选择和理解能力、质疑和评估能力、创造和生产的能力。数字技能与媒介素养的提升是推动乡土公共文化空间现代化转型的关键，对于村民而言，一方面可以开展针对性的数字技能培训；另一方面应努力提升人们的媒介素养，提高网络环境下的自我保护意识，避免网络诈骗，同时理性看待网络舆论等。如此，村民就能更自信而主动地参与到乡村文化生活中，成为乡土公共文化空间数字化转型的积极参与者和推动者。因此，提升村民的数字素养与技能，将为乡土公共文化空间的可持续发展注入新的活力，推动乡土公共文化建设焕发新的生机。

3. 探索和创新乡土文化内容与传播方式

在内容上，可深入挖掘乡村地区的传统文化资源，加强对文化遗产的传承和保护，借助网络平台和新媒体技术，推动乡土文化与现代文明交流融合。在传播方式上，创新利用直播、短视频等新的传播方式讲述乡村故事，与村民进行深度互动，增强乡土文化对年轻人的吸引力和感召力，为乡土文化的传承与发展注入新的活力。

4. 线上线下联动

要积极构建真正意义上的互动式、参与性的乡土公共文化空间。通过建立线上线下相结合的互动平台，打破时空限制，使村民能随时随地参与到文化交流和创作中。线上，村民可以自由发表意见；线下，村民可开展丰富多彩的文化娱乐活动。线上线下联动让人们切实感受乡土文化的魅力。

总之，移动传播环境对乡土公共文化空间建设而言，是机遇，也是挑战。通过构建移动传播背景下的新型乡土公共文化空间，村民的话语表达和利益诉求具有了可以释放和表达的广阔空间，对于乡土公共性而言，乡土公共文化空间的构建意味着一场弥足珍贵的话语解放，人们在这个空间里编织自己从未奢望过的叙事具有了现实的可能性。

第二节　移动传播重构乡土公共秩序

乡村公共交往活动、公共秩序与规则是整合乡村社会、形成权威性认同的重要途径，而当这一切以某种公共场所为载体呈现出来的时候，就形成了公共空间。[①] 乡土公共空间是生成乡村秩序格局的重要场域，对乡村秩序的生成和维系产生了深刻影响。

一、社会变迁中的乡村秩序格局

在传统乡村社会，自给自足的农耕文明将农民束缚在土地上，在以地缘为基础形成的传统熟人社会里，村规民约和家法族规是维系乡村秩序的重要手段，国家权力也借助村规民约和家法族规将国家意志渗透到乡村社会，维系着

---

① 张良. 乡村社会的个体化与公共性建构 [M]. 北京：中国社会科学出版社，2017：150.

乡村社会的秩序与权威。随着乡村社会变迁进程的不断推进，乡村传统公共空间日渐衰落，乡村社会秩序逐渐趋于失衡。

乡村秩序的生成主要由国家与乡村社会的二元重构实现，在我国乡村社会变迁过程中，乡村秩序发生了重大转变，呈现出脱嵌与消解的新格局。一方面，随着国家力量从乡村场域的退出，原本维系乡村秩序的行政嵌入力量被抽离，乡村外生秩序处于脱嵌状态；另一方面，受市场化、城镇化及个体化等多重因素的影响，乡村内生秩序不断趋于消解。

（一）乡村外生秩序的脱嵌

新中国成立后，国家力量深度渗入乡村，并实现了对乡村社会的全面控制，乡村社会的外生秩序初步形成。随着农业合作社在乡村的不断推进，建立起以国家意志为代表的外生型村庄秩序。到20世纪80年代，家庭联产承包责任制的实施和人民公社制度的废除，宣告了国家力量全面控制乡村社会局面的终结，形成了"乡政村治"的格局。但行政力量在乡村社会的并未完全退场，这一时期的乡村社会面受到来自国家行政力量和乡村社会力量的双重干预，行政嵌入力量与乡村内生力量的共同形塑了乡村秩序格局。进入21世纪以来，农业税的取消使中国乡村社会进入后税费时代，国家—社会关系发生了重大变革，基层政权从过去的"汲取型"变为与农民关系更为松散的"悬浮型"[①]，村级组织从乡镇管理体系中分离，行政力量对乡村社会的影响趋于弱化，乡村外生秩序脱嵌局面得以形成。

（二）乡村内生秩序的消解

乡村内生秩序建立在地缘、血缘及乡村生产生活基础之上，是村民在长期的交流互动中形成的。在传统时期，乡村秩序主要靠村庄的内生力量来维系，新中国成立后，国家力量逐渐渗透到乡村社会并对其进行全面控制，乡村

---

① 周飞舟.从汲取型政权到"悬浮型"政权：税费改革对国家与农民关系之影响[J].
社会学研究，2006（3）：1-38，243.

内生秩序受到巨大冲击并趋于消解。直至改革开放后"乡政村治"的确立，村庄内生力量得以恢复、发展，乡村内生秩序才重获新生。

乡村内生秩序得以恢复与发展的同时，也面临着巨大的挑战与风险。国家力量对乡村社会的干预减少后，市场经济、消费主义、个体主义等却与传统乡土文化、观念产生了新的矛盾和冲突，村庄共同体的建立与瓦解常常与经济利益紧密关联，这意味着通过建立乡村内生秩序来治理乡村将变得异常艰难。事实上，随着国家力量在乡村的退场，在市场化、城镇化等多重因素的冲击下，乡村社会出现了道德与意识形态的真空，乡村内生秩序的生产能力被不断削弱，乡村内生秩序趋于消解。这主要表现在三个方面：一是乡村熟人社会逐渐消解，人们对村庄共同体的认同感和归属感不断弱化；二是土地对农民的束缚不断松动，随之带来的乡村"空心化"使传统的"共同在场"失去了存在的基础，村庄公共事务遭到人们漠视；三是乡土公共空间不断衰落，村庄公共生活缺失，人际关系疏远，乡村秩序陷入失衡的境地。因此，乡村社会内生秩序的复兴，对乡村社会既有格局的维系与平衡力量十分有限。

二、乡土公共规则的混乱与解体

（一）公共规则的混乱

伴随着城镇化、市场化进程的不断推进，村庄内生的村规民约、家法族规逐渐失范并趋于解体。农业税取消之前，村级组织依靠对集体资源的配置权对村庄个体尚具有一定的权威性，随着2006年全面取消农业税，村级组织在村民中的权威性和认同感进一步降低，而代表国家权力的法律规则对统摄乡村社会的各个领域显得有心无力。与此同时，乡村社会的权利和民主话语在市场化过程中不断异化，个体之间、个体与社会之间的权利边界关系不断模糊，个体开始根据个人需要对规则进行自我调整，道德伦理、行为规范、是非标准变得越来越模糊，个体对物质的追求陷入一种近乎偏执却又被视为天经地义的狂热中，最终导致极端个人主义的产生，乡土公共规则趋于解体。

乡土公共规则的混乱，使得村庄持续和稳定的秩序失去了保障。一方面，村民们根据自我需要不断对规则进行自我阐释，不断调整行为规范、道德伦理的评估标准，对公共舆论的产生构成了极大阻碍。由此，乡村社会普遍出现婚姻伦理问题、道德滑坡现象，人们对这些不良社会问题的容忍度却越来越高，因为评判的标准在经过多次自我阐释和调整后，人们早已失去了清晰的是非标准。于是，违背道德伦理是可以理解的，追逐个人利益是天经地义的。另一方面，规则失范意味着村庄共同体的权威性和号召力不再，无法有效整合乡村社会及形成集体行动。人们都从自身利益出发，对公共事务漠不关心。特别当村庄中的少数公然挑衅集体权威却没有受到应有的惩戒，甚至因此获得了额外的利益，从众效应就会发挥作用，其他村民会相继效仿并从集体行动中退出。集体的权威就会遭到进一步削弱。"当前乡村社会内部存在两套甚至多套正义观和价值系统，它们互相冲突却都能在乡村社会找到存在的基础，它们在结构上势均力敌，没有一套正义观和价值系统能够占据绝对优势和竞争地位，村庄秩序因此缺乏保障。"①

乡土公共规则的混乱，其实质是没有规则可言，个体间的竞争最终沦为权与利的角逐。正因为规则混乱，村级组织的权威早已荡然无存，没有一种占据主导地位并被一致认同的规则来整合乡村社会，从而使乡村治理陷入困境。为了实现乡村社会稳定，防止群体性事件和上访事件发生，一些地方政府试图用强力手段或借助其他势力"以力治村"，作为乡土公共规则解体之后的重要治理规则，"以力治村"在一定程度上体现了地方政府对乡村的整合力与权威性，但也给乡村社会秩序埋下了隐患。而"以利维稳"的治理逻辑缺乏基本底线，不仅无益于村民对地方政府和村级组织的权威认同，而且损害了乡村治理的公共规则。在乡土公共规则混乱、多元、趋于解体的时代背景下，如何在我

---

① 董磊明，陈柏峰，聂良波.结构混乱与迎法下乡：河南宋村法律实践的解读[J].中国社会科学，2008（5）：87-100，206.

们的行动、道德、伦理和信仰背后寻找共同的规则，找到公共规则的交集和对话平台，对于重建乡土公共秩序意义非凡。

（二）公共规则的解体

在城镇化、市场化与信息化交织的乡土场域，乡村社会正面临着一场向现代转型的巨变。原本封闭、静止的乡村社会日益趋向于开放、流动，农民个体对村庄共同体的依附性不断减弱并逐渐从共同体脱嵌出来，但从乡村社会脱离出来的个体融入城市社会并为其所接纳还需要一个相对漫长的过程。与此同时，部分农村地区由于大量年轻人外出务工，村里只剩下留守老人与儿童，乡村社会日益趋于衰落。

改革开放之后，国家权力逐步从乡村社会退出，"乡政村治"取代了"人民公社"，此时公民社会力量弱小，村民自治很大程度上只是落实国家行政性任务的手段，乡土公共规则与村规民约、家法族规、法律规则等并存。乡村社会的村级组织和村干部由于掌握着一定的集体资源，拥有较大公共权威，能够有效动员村民形成一致行动。这个时期乡土公共规则多元而有序。税费改革之后，国家、村庄与农民之间的关系发生了重大变化，村级组织不再需要通过征税而与农民发生联系，同时丧失了对农村土地、劳动力等公共资源的调配权，在村民之中的权威地位大大减弱，原本动员村民参加集体行动和公共事务的那套指导规则失去了原来的效力。与此同时，国家对农民实行的"扁平化治理"实际上架空了村集体组织，使其权威性遭到进一步削弱。村级组织、村干部和农民个体之间缺少互动和沟通的公共空间，依靠村级组织和村干部形成的村庄权威开始逐渐消失。

正是城镇化、市场化的快速发展，使乡村社会传统的村规民约、家法族规解体，乡村秩序呈现一种流动与混乱交织的局面。城镇化带来的流动性对乡村内生规则的摧毁是致命的，因为村规民约、家法族规的形成条件是在一个相对封闭、静止的熟人社会之中，村民间的交往和互惠是长期甚至一生的过程，一旦个体违反村庄约定俗成的公共规则，村庄共同体的公共规则、公共舆论就会出场并对个体施以谴责和惩戒。伴随着城镇化带来的流动性加剧，村民从狭小的村庄进入广阔的城市，以往村民间的长期交往可能变成了有限甚至一次性交往，"熟人社会"变为"半熟人社会"甚至"陌生人社会"。正如涂尔干在《社会分工论》所说，"他所关注的生活中心已经不局限在生他养他的地方了，他对他的邻里也失去了兴趣，这些人在他的生活中只占了很小的比重"。[①] 村规民约、家法族规对流动性人口的制约性就非常有限了，而一旦少数派开始挑战村庄公共规则，那么其权威性和合理性就会很快受到质疑，其他大多数人也会因为遵守公共规则带来的成本差异而逐渐趋向不再认同原来的公共规则。

随着大量乡村人口流向城市进行务工或经商，城乡之间的互动大大增强，现代的城市文化对相对封闭传统的乡土文化形成了巨大冲击，乡土文化被屏蔽甚至同化，村庄的传统性公共规则与时代的发展就显得格格不入了，再加之市场化对乡土公共规则的侵蚀，村民间的社会关联不断松散，互动和合作大大减少，乡村社会的村规民约、家法族规对个体逐渐失效。在这种情况下，法律对规范乡村社会的道德伦理、引导社会公共舆论和动员集体行动等也无力应对。因为不同地区的乡村社会都有自己不同的文化和社会特点，情况十分复杂，而且法律程序的高成本也会让人望而却步。因此，法律只能作为调解纠纷的手段，却不能作为常规性的解决方式。

三、重塑乡土公共秩序

（一）重建乡土公共规则

在现代化过程中，乡村社会面临急剧转型，需要公共规则为村民提供话语行动的规范标准和公共舆论生产的基本价值判断，需要公共规则作为村民集体行动能力的权威认同，需要公共规则维系乡村社会秩序。可见，乡土公共规则是维系村庄秩序的重要方式。

---

① 涂尔干.社会分工论 [M].渠东，译.北京：生活·读书·新知三联书店，2000：257.

1.培育乡村内生规则

当下，乡村社会流动性显著增强，村民间的互动却越来越少，家庭的生产生活进入了一个更大的社会市场体系中。国家法律，因其规则的普遍性和背后的惩罚机制，能够给逐渐陌生化的乡村社会提供信任，维持基本秩序。[1]法律虽然可以作为乡村纠纷调解的主要规则，但法律规则有其固有的局限性。法律属于外生型公共规则，只能为乡村社会秩序提供最基本、最普遍的权威与秩序，难以兼顾乡村社会的复杂和多样性，对一些具体和微观的层面也无法关照。只有基于每个区域每个乡村具体村情内生的乡土公共规则，对规范约束村民言行、达致集体行动、形成权威认同才更具有生命力和草根性。简言之，法律规则只能以其强制力和惩戒性为乡村的基本秩序和基本公正提供指导性、普遍性规则[2]，它更多体现的是一种国家权力意志。乡土公共规则更多体现为乡村社会内部结构关系和权力关系，是一种内生规则。当前，乡村社会由封闭、静止、同质趋向开放、流动、异质，传统乡土时代的熟人社会趋向于半熟人社会，甚至陌生人社会，内生公共规则的生产机制与生产环境已经遭到破坏。因此，需要一个权威力量对乡村社会进行整合，这个权威力量就是村级组织，它是连接国家权力与乡村社会的节点。村级组织一旦扮演好了这一角色，就能够对村民的"搭便车"行为产生强制性规制与威慑性力量。

2.展示公共规则的示范力量

地方政府、村级组织需要充分动员乡村社会内部的各种积极力量，对热心公益的积极分子、诚实守信的道德模范，要进行广泛宣传并给与必要的荣誉和物质奖励，形成地方性规范与乡土公共规则的榜样性力量。也就是说，村级组织要在培育乡村内生公共规则与整合离散力量方面，发挥积极的引导和组织

---

① 董磊明，陈柏峰，聂良波.结构混乱与迎法下乡：河南宋村法律实践的解读[J].中国社会科学，2008（5）：87-100，206.

② 董磊明，陈柏峰，聂良波.结构混乱与迎法下乡：河南宋村法律实践的解读[J].中国社会科学，2008（5）：87-100，206.

作用。这其中，媒体既是信息的传递者，也是舆论的引导者，还是公共规则的监督者。首先，媒体作为信息传播的中介，扮演着及时传递信息和形成示范效应的角色。媒体通过新闻报道、专题节目等形式，能够将全球各地发生的重大事件传递给大众，使他们了解到世界各地发生的事情。其次，媒体作为舆论引导的重要力量，通过报道、评论和分析，对社会事件进行解读和引导，对公众舆论产生重要影响。媒体的舆论引导作用能够塑造公众的态度和价值观，推动地方政府决策和乡村社会进步。

3. 增进村民公共交往

增进村民间的公共交往是重构乡土公共规则的一个有效途径，因为公共规则就是在群体的互动、讨论、协商乃至妥协与争辩之中形成的。通过增加村民之间互动的场合与机会，可为村民打造进行沟通交流的公共空间，营造熟人社会的氛围。增进村民公共交往，具体可从以下两方面着手：一是通过开展公共文化活动将人们聚集到一起，增强彼此联系，增进村民间的社会交往；二是可以培育和扶持民间组织的发展，如经济合作组织、老年人协会等，搭建乡村个体私域空间与公共空间的对接平台，构建村民间互动交流的公共空间。公共交往可以促使个体不断自省，自觉接受组织场域的公共舆论监督与制约，把私利、私欲控制在合理的范围内。立足于乡村熟人社会的日常生活实践，不难发现，人们处在一个组织场域的熟人社会中，会特别在意人情和面子，也十分重视荣誉和认同的社会价值，有学者创新性地提出将乡村社会农民的面子实践纳入村庄公共性的研究视野，将"面子"视为构建乡土公共性的关键资源，主张以"面子"为实践抓手，通过对农民面子观的积极引导，发挥出面子潜移默化的正面功能，重建乡土公共性。[1] 可见，在个体的公共交往实践中，人情和面子依托人情关系的长期性、舆论公道的有效性和道德伦理的约束性，对重塑乡

---

[1] 严红. 熟人社会、面子与村庄公共性再生产 [J]. 华南农业大学学报（社会科学版），2023，22（4）：118-129.

土公共秩序发挥着重要作用。在乡村社会中，人们往往碍于人情和面子，自觉遵守传统习俗和规范，克制对金钱和权力的私欲，而选择遵守公共规则。这种行为客观上促进了村庄公共交往的形成，公共规则的确立和公共精神的涵养，维护了乡村社会秩序，实现了公共性再生产。

4. 挖掘乡土文化中的价值认同与教化功能

传统乡土文化是维系乡村社会凝聚力的纽带，它承载着乡土记忆，强化了村民间的认同感，并为乡村社会构建了共同的道德和行为准则。优秀乡土文化是前人智慧的结晶，具有强大的凝聚力和号召力，能激发村民对本土文化的自豪感和认同感。乡土文化中蕴含的公共规范和价值观，对维护乡村和谐、传承乡村文化和记忆具有举足轻重的作用。然而，现代性因素的侵入撕裂了传统文化网络，地方性知识、传统文化价值被改造或否定，进而导致历史失忆、文化无根、认同无源，造成官方主导的现代性文化与民间蕴含的传统文化之间的裂痕与创伤。[①] 当前，村民的文化参与度明显不足，导致价值认同和公共规则难以形成。国家应发挥积极作用，通过政策激励、资金扶持等手段，积极推动传统文化的复兴与发展。特别是那些承载着深厚民族记忆、凝聚共同体认同的传统文化形式，如戏曲、杂技、龙舟、舞龙舞狮等。这些传统文化是民族文化的瑰宝，可以有效激发村民参与文化活动的积极性和主动性，促进村民间的互动交流并体验传统文化中所蕴含的公共规则。

随着数字化在乡村社会的不断推进，乡村信息传播形态发生了深刻变化，个体交往出现了根本性变革。传统的人际交往方式被数字技术全面中介化，并不断在数字化交往创建的各种媒介场景中进行信息传递与共享。移动媒介不仅是信息的承载者，还扮演着个体产生和实现连接的工具人角色。在网络交往空间中，个体通过兴趣爱好、共同话题聚集在一起，乡土文化中的传统道德、伦

---

① 张良. 文化参与机制：公共文化服务建设的制度供给——以宁波市鄞州区为分析对象 [J]. 学习与实践，2012（7）：122-127.

理资源的出场并充分发挥其教化功能，对实现个体的自我约束、自我管理与自我教育具有重要意义。个体主体性的彰显是一种主体超越外部环境限制的行动自由，但这种自由的行动权也是一种建立在自律基础之上的行动自由，这种自由主张从自身出发按照自己制定的行为规则进行行为选择。[①]公共道德自律一旦形成，会促使主体形成公共性的内心信念，并通过自我意志对这种信念予以坚持使之稳固，最终实现维护公共性的正向效果。

（二）公共传播视域下的乡土公共秩序重构

在西方学术生产中，公共传播研究存在三重学术视域：大众传播、公共关系和公共领域。就乡土公共性重构的视角而言，对公共传播的关注更多集中于公共领域，因为公共传播对公共领域的建构和发展、重塑公共领域传播生态具有重大意义。James G.Stappers 在《作为公共传播的大众传播》一文中指出，公共传播是为了探究"公众如何接近和使用媒体以及公共信息的传播和扩散问题"。在新媒体环境下，公共传播是指在开放式的传播网络中，围绕公共议题展开沟通对话而形成的知识、图像、符号和信息流。[②]随着移动互联网发展，传播技术突破了时空限制，公众摆脱了固有的权力限制拥有了更大的表达自由，信息的丰富程度和公开程度大大提升，公共传播呈现出主体多元、渠道开放、内容多样的特点。移动传播背景下的公共传播，是建立在媒介动员基础上的行动网络，其主体更为多元，价值规范和实践准则具有公共性，涉及内容主要围绕公共事务和公共利益，在网络公共空间的实践场域内，实现了村民共同在场并建构认同、拓展关联，从而建构了乡村秩序。

---

① 郭倩倩.数字化交往空间的公共性困境及提升策略 [J].中国特色社会主义研究，2022（4）：80-87.

② 牛耀红.社区再造：微信群与乡村秩序建构——基于公共传播分析框架 [J].新闻大学，2018，150（5）：84-93.

1. 网络公共空间实现多元群体"共同在场"

移动传播将离散化村庄的不同空间人群通过虚拟在场实现重新聚合，数字化媒介成为村民实现"共同在场"的重要方式，也使重构乡土公共性具有了现实可能性。吉登斯认为："不同社区或社会成员之间的任何接触，无论范围多么广泛，都涉及了共同在场的情景。"[①] 现代化进程下的乡村社会，社会流动性和社会结构分化都在加快，随着个体化的不断发展，各类社会主体的自主权不断扩大，价值观念呈现多元与分化的特征，如何将离散化村民组织起来是乡村社会治理的困境。

一方面，村民通过组建管理团队，形成一种"互联网自组织"。这个自组织基于社交媒体而形成，可以视为一个社会媒介公共组织，本质上强调参与者话语传播的开放、分享和互动。网络活跃成员以微信、公众号等为依托形成"自我管理，自我服务"的开放组织，既维护了线上的公共秩序，又开展公共事务讨论，形成集体行动，对线下的公共事务也起到了铺垫和推动作用。另一方面，由外出务工人员、在村精英以及普通村民等构成的多元主体，形成了虚拟的合作网络，曾经被排斥在村庄公共事务之外的村民重获参与的可能，形成基于媒介的虚拟合作网络，从而将村庄纳入社区治理中。

移动传播或者说网络公共空间，成为连接离散化村民的中介，村庄多元主体借助移动媒介形成了合作化网络。村民形成的这种开放、合作的媒介化合作网络，将离散在不同空间的群体纳入协作中，成为流动性增强背景下整合乡村社会的新形式。[②] 当多元主体参与到合作化网络中时，这类合作化网络的载体——媒介，就具备了公共领域性质。阿伦特指出，公共领域的实在性取决于共同世界借以呈现自身的无数视点和方面的同时在场。首先，当前农村"离

---

① 吉登斯. 社会的构成 [M]. 李康，李猛，译. 北京：生活·读书·新知三联书店，1998：238.

② 牛耀红. 社区再造：微信群与乡村秩序建构——基于公共传播分析框架 [J]. 新闻大学，2018，150（5）：84-93.

散化"背景下，跨越时空边界的移动互联网构建的公共空间具有实现多元主体"共同在场"的可能性。其次，在乡村社会认同危机背景下，网络公共空间为村民提供了一个"共同"基础。"共同"既指与公共性中"他者"联系和分离的物体世界，更指一种关于这种世界的想象，即"共同体想象"。^①多元人群的共同在场是形成公共传播的基础，他们是讨论公共事务的公众，也是开展公共活动的行动者。

2. 多元主体通过话语交流增强共同体意识

随着乡村社会市场化、个体化进程的不断深入，村民的共同体意识逐渐趋于消解：一是传统乡村社会的伦理道德和价值认同不断弱化，乡土公共舆论的约束力大大降低甚至失去效力。二是村民情感连接淡薄，村庄公共交往逐渐消失。曾经的熟人关系变成了半数人社会，村庄共同体纽带的消失导致共同体意识消解在农村已经成为普遍现象。

村庄网络公共空间成为村民公共交流互动的重要场域，当多元主体以虚拟在场的方式进行话语表达时，就构建了一个合作领域。网络公共空间成为村民开展公共问题讨论、信息传递与分享、日常闲聊的重要空间。村民间的日常闲谈加强了邻里关系，增强了共同体意识。

（1）网络公共讨论引发共同关注。当下，微信群、朋友圈已经成为村民日常生活的重要组成部分，也是村民开展公共讨论的重要场域，长期的线上交流使得村民围绕共同利益形成了共同关注。"流动性"增强的村庄搭建了一个开展公共讨论的场域，在这个公共场域内，村民可以围绕村庄发展、公共治理、社区文化等重大问题展开讨论，也可以进行家长里短的琐碎闲聊，但有关"公共利益"的讨论始终是微信群的重要话题。这种公共讨论不仅能帮助人们探寻问题根源，还能引起地方政府的注意，同时让村民逐渐意识到"讨论"本身具

---

① 汉娜·阿仑特. 公共领域与私人领域 [M]// 汪晖，陈燕谷. 文化与公共性. 北京：生活·读书·新知三联书店，1998：88.

有的重要意义。这些基于利益的讨论吸引了村民的广泛关注，从而构建了村民间更为紧密的连接。正是借助对共同问题的关注和讨论，村民在话语交流中逐渐强化了共同体意识。

（2）信息分享促进公共交往。多元主体虚拟在场的网络公共空间构建了信息分享的场域，并逐渐嵌入村庄的社会结构，成为村庄公共信息集散地，也促进了村民的线上公共交往。在此之前，部分村民忙于生计或外出务工，由于信息传播渠道不畅，一些涉及利益的信息传达不到还可能引发冲突和矛盾。网络公共空间提供了信息分享的公共场域，而且分享的很多内容甚至已超越信息传递本身，成为勾连村庄内外情感、建构社区认同的重要方式。

（3）日常闲聊促进秩序维系。在网络公共空间里，除了公共议题讨论、各类信息的传递与分享外，更多的是日常闲聊，这些看似无意义的闲聊，勾连了分散在不同空间的村民，强化了村民的群体意识。闲聊也可称为说闲话，是发生于村庄熟人社会之中、以村庄中的人和事为谈论对象的一种社会交往方式。闲话涉及村民日常生活的各个方面，构成人们日常生活不可或缺的一部分。闲话并不是无聊的漫谈，而是村庄熟人社会对于村庄中的某件事或某个人的集体评判，且这种来自他人的评判能对当事人产生舆论压力，从而促进村庄秩序的维系和再生产。[①] 不仅现实社会中的闲话局限于特定群体，网络中的闲话也有群体边界。网络公共空间提供了一个供村民共同交流抑或是说闲话的空间，这有利于强化村民的群体意识。在熟人社会中，闲话的性质和意义需要在其运行机制中来理解。闲话的传播不仅是单纯的信息传递过程，而且是一个多主体参与的、可累积的扩大化和公共化过程。闲聊不仅具备生成乡村规范的作用，也具备强化情感的作用。线上闲聊是加强外出务工人员同村内留守人员情感的重要方式，人际交往是强化社区情感的重要路径，尤其会拉近外出务工村民和

---

① 李永萍.隐秘的公共性：熟人社会中的闲话传播与秩序维系——基于对川西平原 L 村的调研 [J].西南大学学报（社会科学版），2016，42（5）：46-53，189.

村庄的情感连接，由此闲话获得了公共性。

"熟人社会"内部长期互动会形成公认的规范和内部评价机制，网络公共空间是村庄多数村民"虚拟在场"的空间，虚拟空间内的交往不仅是一种消遣方式，也是离散化村庄的一种非正式规训手段，群体的虚拟在场会形成一种互相规训的压力，促进村庄规范的形成。这种非正式场合形成的规范同样具有较强的约束作用，从而维系乡村基本秩序。

第三节　移动传播重振乡土公共精神

一、乡土公共精神的内涵

对公共精神的界定，国内外众说纷纭，观点不一，但毋庸置疑的是，公共精神的产生与发展与公共领域、公共事务、公共服务、社会资本等因素密切相关。国外学者从公共领域、价值取向、政治利他主义的角度对公共精神的内涵进行了阐释。例如，哈贝马斯从公共领域角度阐释公共精神，认为公共精神与公共领域相伴而生，是公民在自由讨论公共事务、参与政治的过程中形成的，"参与者愿意并且能够对自己生活其中的共同体制以及公共事务表达自己的意见"。[1] 美国学者罗伯特·D.帕特南从价值取向角度界定公共精神，指出"公共精神是孕育于公共社会之中的位于最深的基本道德和政治价值层面的以公民和社会为依归的价值取向，它包含民主、平等、自由、秩序、公共利益和负责任等一系列最基本的价值命题"。[2] 登哈特从政治利他主义角度提出"公共精神的实质就是政治利他主义，认为这种利他能够促使公民关心公共事务并超越私

① 哈贝马斯.在事实与规范之间：关于法律和民主法治国的商谈理论 [M].童世骏，译.北京：生活·读书·新知三联书店，2003：459.

② 帕特南.使民主运转起来：现代意大利的公民传统 [M].王列，赖海榕，译.南昌：江西人民出版社，2001：135.

人利益，积极参与到社区治理之中"①。显然，公共精神要求正确处理个人利益和公共利益的关系，积极参与公共事务，承担公共责任，具有爱心和奉献精神。

国内学者则从公民规则、公共参与、公共道德等角度来界定公共精神，从公共规则角度理解公共精神，是指社会成员在公共生活中，对人们共同生活及其行为的准则和规范所持有的一种积极的态度和认同，并体现于客观行动上的遵守、执行。从公共参与角度阐释公共精神，公共精神本质上就是一种参与精神。从公共道德角度解读公共精神，公共精神是指公民具有超越个人狭隘眼界和个人直接功利目的，以利他方式关怀公共事务、事业和利益的思想境界和行为态度。张良在这些研究的基础上，提出所谓乡土公共精神，是指在自愿参与村庄公共事务、帮助别人的公益情怀与利他主义，是超越个人狭隘眼界和直接功利目的。他进一步提出公共精神就是在正确理解个人利益基础上对社会公共事务和国家公共利益的积极参与。②可见，公共精神具有鲜明的公共性特征，需要在公共领域中涵养，在公共生活中培育，要求共同体中的每个成员要积极维护公共利益和实现公共价值。乡土公共精神产生于村庄共同体之中，以维护村庄公共利益为目标，以参与村庄公共事务为表征，以乡土公共规则为依托，体现了公共的利益诉求和价值取向。

二、乡土公共精神的现实价值

乡土公共精神属于乡村社会集体心理和道德自律的范畴，它产生于乡村社会结构并在参与村庄公共事务、维护共同利益的过程中，涵养和培育爱心、利他、奉献、责任等公共价值和信念。乡土公共精神需要乡村主体发挥主动性力量，积极参与村庄公共事务，维护公共利益，增强对村庄共同体的认同感和

---

① 珍妮特•V.登哈特，罗伯特•B.登哈特.新公共服务：服务，而不是掌舵[M].丁煌，译.北京：中国人民大学出版社，2014：27.

② 张良.乡村社会的个体化与公共性建构[M].北京：中国社会科学出版社，2017：176-179.

归属感。培育乡土公共精神，对于构建乡村自治治理体系、实现乡村振兴具有重要的现实价值。

首先，乡土公共精神有利于推动乡村公共事务，促进乡土团结。培育乡土公共精神是乡村振兴的现实需要，乡村振兴是包含产业、人才、文化、生态、组织等在内的全方位振兴，充分挖掘乡村外部资源固然重要，但注重激发乡村内生动力也是关键环节。倡导和培育乡土公共精神，对引导乡村多元主体主动承担公共责任、协商合作、积极投身公共事务具有积极意义，是乡村振兴的内驱力。同时，乡土公共精神所蕴含的"有机团结"思想，能有效应对个体化进程中的阶层分化和利益冲突等问题，从而把原子化的个体整合成密切联系的整体。乡土公共精神倡导用共同的集体记忆、生活方式和价值观念，增强村民对村庄共同体的认同感和归属感，通过集体意识的呈现促进乡土团结。

其次，乡土公共精神为乡村振兴提供情感归属和价值认同。乡土公共精神为乡村个体提供正确的价值导向，是主体情感和价值取向的反映。通过建设乡土公共空间、开展公共活动，满足了个体的公共诉求，保障了个体的公共生活参与，融合了个体与村庄之间的情感、文化和心理，加深了个体对村庄共同的归属感和认同感，由此个体与乡村社会紧密结合，并保持对基层权力、制度和组织的高度认同。

最后，乡土公共精神有利于化解乡村社会冲突和矛盾。随着市场化、个体化在广大乡村地区的持续推进，乡村社会阶层分化和利益冲突日益凸显，解决乡村矛盾冲突的难度和成本也在持续增大。乡土公共精神是乡村多元主体的"最大公约数"，能有效化解乡村矛盾、促进乡村社会团结与协作。培育乡土公共精神，增强集体观念，重塑"命运共同体"意识，以理性、宽容的与合作的姿态处理乡村社会的冲突、矛盾，是完善乡村治理体系的核心诉求，也是乡村振兴的必然要求。

三、乡土公共精神的衰弱与重建

乡土公共精神是乡村个体对于村庄公共利益、公共舆论、公共事务、公共秩序所表现出的一种自觉的关注与参与，重塑乡土公共精神，能够推动农民参与乡村公共事务，实现乡村社会团结与合作，有利于促进乡村治理体系和治理能力的现代化。但是，当前乡土公共精神趋于衰弱，部分农民对参与公共性事务越来越冷漠，即便知道完成公共性事务会带来集体效益，但由于对个体并不会产生直接和专属的利益，因此参与积极性不高。

（一）乡土公共精神的衰弱

1. 公共事务参与不足

村民积极参与乡村公共事务，是彰显公共精神的一种体现。乡村社会与个体的命运紧密相连，每个个体都有责任和义务自觉维护集体利益和乡村秩序，共同拓展村庄命运共同体的发展空间。但是，当下乡村社会部分农民对于收益与回报越来越即时性和具体化。[1] 对于回报周期长、回报风险大的公益事业，村民大都趋向于回避，而对回报可观、效益立竿见影的公共事务趋之若鹜。同时，长期以来乡村社会深受传统儒家思想和等级观念的影响，部分村民民主精神较为匮乏，所以参与热情不高。改革开放后，随着乡村社会个体化进程的不断推进，物质主义、功利主义开始大行其道，部分村民热衷于个人利益，集体观念较为淡薄。他们不愿参与乡村民民主选举、道路修建等乡村公共事务，对公共事务缺乏热情，参与不足。

2. 公共理性缺失

"公共理性是一个民主国家的基本特征。它是公民的理性，是那些共享平等公民身份的人的理性。"[2] 公共理性以公共交往和理性批判为主要内容，反

---

[1] 吴理财. 当代中国农民文化生活调查 [M]. 北京：知识产权出版社，2011：序1.

[2] 罗尔斯. 政治自由主义 [M]. 万俊人，译，南京：译林出版社，2011：196-197.

映了主体之间的交往理性。公共理性要求村民在参与乡村公共事务的过程中，正确处理个人与集体、国家利益之间的关系，打造共治共享的乡村社会治理格局。但是，当前乡村社会结构正在急剧转型，乡村社会纵向上不断个体化，农民个体横向之间趋向原子化[①]，在乡村个体化、原子化语境下，部分乡村个体开始脱离村庄共同体，心无旁骛地追求个人利益最大化，甚至将个人利益凌驾于集体利益之上。如此，村民的经济理性逐渐超越公共理性，村庄公共事务难以展开，乡村公共精神日渐衰落。

3. 公共空间萎缩

乡土公共空间是培育乡土公共精神的场域，也是乡村开展经济活动、人际交往、休闲娱乐、公共服务和社会整合等的物质空间。"公共空间是指社会内部存在着的一些具有某种公共性且以特定空间相对固定下来的社会关联形式和人际交往结构方式。"[②] 在共同的乡土公共空间中，人们有着相同的生活经历和人际圈子，地缘上的亲近感使他们容易产生情感共鸣和共识，为培育乡土公共精神提供诸现实条件。随着工业化、城镇化进程的急剧推进，乡村社会流动性显著增强。农村地区绝大部分中青年流向城市，他们与村庄的紧密联系随着时间的推移不断松散，归属感和认同感也随之不断降低，乡村社会日渐趋于"半熟人社会"。在半熟人社会里，人们的互动交往减少，对村庄公共事务缺乏积极性，乡村社会关系网络趋于瓦解。与此同时，在移动传播背景下，互联网改变了乡村个体的生活方式，村民活动越来越具有隐私性，曾经的集体聚会、祭祀、娱乐休闲等活动越来越少，乡土公共空间日渐凋敝，乡土公共精神的培育受到了极大限制。

---

① 张良. 乡村社会的个体化与公共性建构 [M]. 北京：中国社会科学出版社，2017：180.
② 曹海林，石方军. 现代农村社区共同体精神的重塑与再造 [J]. 社会科学研究，2017（6）：88-94.

4. 公共权威衰弱

在中国传统的乡村社会，乡土公共权威的产生主要是内生性的，乡村社会治理体系主要由族权、绅权等权威掌握，村庄大部分事务由处于优势地位的乡绅、族长来处理，他们作为乡村的公共权威，是乡土公共精神的典型代表。族权、绅权在维系和传承乡土文化、引领道德风尚、涵养乡土公共精神中起到了中介作用。乡土公共权威在乡村社会拥有较大的话语权和影响力，往往在村庄重大公共事务中起决定性作用，潜移默化地影响着村民的价值判断和行为选择，对重塑乡土公共精神具有独特作用。新中国成立后，随着国家权力下沉和国家化进程的不断发展，改变了传统乡土公共权威的获得路径，地方宗族势力在一系列运动中日渐式微，农业合作社、人民公社等政权形式成为国家权力序列上的一部分。实行改革开放以后，乡村社会进行了以家庭联产承包责任制为主的经济体制改革，随着人民公社的废除和村民委员会的成立，我国乡村地区"乡政村治"的格局初步形成。改革开放掀起的市场化浪潮不断冲击着传统的乡村社会，大量乡村精英流向城市，使乡土公共精神的培育面临主体力量不足的困境。村两委在农业税改革并最终全面取消的过程中，由于失去了对资源的配置权，对村民的权威性和凝聚力也不断弱化。

（二）乡土公共精神弱化的原因

1. 政治层面：政府角色的转变与乡村自治的不足

政府角色的转变，主要表现在以下三方面：首先，政府从直接管理转变为间接引导。在传统社会中，政府与乡村的关系较为紧密，政府往往直接参与乡村社会管理，在一定程度上承担了维护乡土公共精神的角色。但随着政府职能的转变，现代政府不是直接进行管理，更倾向于通过政策引导和提供服务间接影响乡村社会。其次，全能型政府转变为有限政府。政府充分意识到市场和社会自我调节的作用，不再包办乡村的一切社会事务，"全能"政府开始向"有限"政府转变，并将部分职能交给市场和社会组织。最后，政府主导转变为多元共治。传统时期，政府是乡村社会的主导力量，现代政府则鼓励多元共治，推动政府、市场、社会等多元主体共同参与乡村社会治理。随着政府维护乡土公共精神的角色转变，乡土公共精神不断趋于弱化。

就乡村治理而言，现代乡村社会存在的官僚主义思想和权力崇拜现象，消解了村民的公民精神和参与意识，制约了乡土公共精神的培育。一方面，乡村个别基层干部热衷于做表面文章，进行权力寻租或利用职权大搞裙带关系，严重影响社会公平正义，消解了乡土公共性。另一方面，长期以来封建传统和儒家思想深刻影响着村民，村民所固有的小农意识使其对政府、村干部有着严重的依赖心理，主体意识和平等观念相对淡漠。在乡村治理中，权力崇拜可能导致权力过度集中，使决策缺乏民主参与和监督，容易产生权力滥用和滋生腐败。对政府、村干部和权威的过分依赖，会导致村民缺乏参与治理的自主性和积极性，不利于乡村善治局面的形成。在我国乡村治理实践中，还存在着利益难以整合，操控乡村选举，村民自治流于形式、村民政治参与随意化、冷漠化等问题，乡土公共精神的培育之路任重道远。

2. 经济层面：小农经济的局限性和市场经济发展不充分的影响

传统小农经济阻碍了乡土公共精神的生长。小农经济将农民"捆绑在土地上"，日出而作、日落而息的生活方式培育了农民对土地的深厚情感，也禁锢了他们的思维、视野和行动范围。在相对封闭的农耕文明中，农民的社会关系网络主要建立在血缘和地缘之上，社会活动空间相对狭窄，对外界信息的接收和处理能力相对较弱。在此背景下，许多村民的观念趋于保守，缺乏对新事物的探索欲和接受度，更难以形成开放、包容、合作的公共精神。更为严重的是，小农经济模式下的村民往往满足于现状，他们在面对乡村公共事务时显得冷漠和消极，缺乏主动参与的热情。由于长期不融入公共生活，村民们公共观念也相对匮乏，难以形成对公共利益的共同认知，乡土公共精神缺乏培育的土壤。

与此同时，市场经济的蓬勃发展也对乡土公共精神的塑造产生了一定程度的影响。在功利主义与工具理性盛行的当下，部分村民的价值观逐渐偏离，陷入了"物质主义"的陷阱无法自拔。他们将个人利益凌驾于社会与精神价值之上，忽略了作为社会成员的责任与担当。这种价值观的扭曲，无疑削弱了乡土公共精神的根基。市场竞争中的不公平、不公正等现象，加剧了社会阶层的分化与隔阂，社会无序和行为失范使乡土公共精神的培育难以找到足够的心理和情感支撑。大量村民为了谋求生计，不得不背井离乡远赴城市务工，只在节假日才返回乡村。村民个体与乡村共同体的长期分离，导致与其他村民的交流减少，也无暇顾及村庄的公共事务，乡土公共精神建构的主体力量严重缺位。

3. 社会层面：公共空间的萎缩与利益分化的加剧

随着城乡一体化的加速推进，乡村大量青壮年纷纷涌向城市，劳动力的持续大量外流导致了乡村人力资源的匮乏，部分土地闲置，农业生产、基础设施建设等面临人力不足的问题。乡村"空心化"现象的日益加剧，削弱了乡村社会的凝聚力，村民与乡村共同体的联系被割裂，认同感和归属感降低，村庄共同体逐渐解体，乡土公共精神的培育面临巨大挑战。

在传统的乡村社会结构中，村民之间因相似的经济条件和生产生活经历，很容易形成情感联系和行为一致性，这种联系和一致性为乡土公共精神的培育提供了土壤。然而，随着乡村现代化步伐的加快，乡村社会个体化趋势日益明显，引发了利益冲突和社会阶层分化，村民间的信任基础受到侵蚀，传统的邻里互助、诚信合作等公共精神开始消退。利益驱动下的乡村社会，阶层分化日益突出，村民互动更多围绕个人利益展开，这又引发了利益冲突并加剧了阶层分化。公共活动减少，公共空间不断萎缩，乡村社会陷入"集体行动的困境"，乡土公共性逐渐消解。

4. 文化层面：宗法礼俗的限制和价值多元的困扰

传统乡村社会是一个以血缘关系和宗法伦理为纽带的社会。在传统宗法礼俗的影响之下，有些村民头脑中缺少公共角色和公共利益的概念，更多地考虑个人、家庭和家族的利益，视野格局和胸襟气度过于狭窄，缺乏维护乡村公共利益的价值体认和行动自觉，妨碍了乡土公共精神的养成。

改革开放以来，受思想解放的影响，人们越来越重视物质利益、个人幸福的满足。在主流意识形态大力倡导社会主义核心价值观的同时，个人主义、利己主义、享乐主义、功利主义等价值观念也有一定的市场，并与集体主义、共产主义等价值观念相互激荡，整个社会呈现出多元价值并存的局面，乡村传统价值观念不断被解构，而新的价值观念尚未建立起来，出现"价值真空"和价值体系"碎片化"的状况，因而不能为乡土公共精神的培育提供强有力的价值支撑。

（三）移动传播如何重塑乡土公共精神

1. 传播乡土公共文化

传播乡土公共文化，重塑乡土公共精神，可从传统乡土文化入手，注重传播与乡土文化认同的关系，充分调动各方主体参与到乡土公共文化的塑造和传播中来，在此基础上扩大至国家、民族的政治认同。黄家亮认为，乡村社会特有的生产、生活方式和关系形态锻造了小农特殊的信任逻辑——差序信任和具象信任。[①]"具象信任"指的是乡土场域中的人们倾向于信任看得见摸得着的人和事，农民的信任都是非常具体的，而对抽象的理想、主义、制度等很难产生信任。"差序信任"基本概念源自费孝通的"差序格局"理论，这种信任逻辑决定了乡村社会的人们选择信任对象往往是基于关系的亲疏进行的，个人与他人信任关系的强弱主要取决于个人与他人之间情感关系的亲疏远近。

传播乡土公共文化，单纯依靠行政力量的垂直介入方式，往往导致机械僵化且收效甚微。但若结合具体的传统文化活动，依靠有威望和号召力的村民来展开，充分发挥"具象信任"和"差序信任"的信任逻辑，则能收到意想不到的效果。从宏观角度看，努力消除乡村治理体系的负面影响，促进政府主

---

① 黄家亮. 乡土场域的信任逻辑与合作困境：定县翟城村个案研究 [J]. 中国农业大学学报（社会科学版），2012，29（1）：81-92.

导乡土文化与主流文化的共生共荣，有利于消除人们对乡村落后愚昧的文化偏见，培养村民对乡土文化的真正认同。在微观层面上，基层力量、村级组织在主导乡土公共文化传播过程中，要充分尊重农民意愿，调动公共文化传播主体的主动性、积极性和创造性，强化乡土文化建设，让主体的传播实践聚焦乡土日常生产生活、风俗习惯等独特景观，表达文本涵养乡村社会的内生价值和意义。移动传播时代，移动互联技术的飞速发展引发了传播格局的巨变，也给乡土公共文化传播带来了新的机遇。作为信息的生产者和传播者，村民借助快手、抖音等移动应用和社交平台，拓展了主体的话语表达，跨越了时空限制，呈现了乡村生产生活和情感价值等多元内容，促进了乡土文化的传承与创新。

传播乡土公共文化，构建新形势下的乡村文化生态，应将外部帮扶与内生动力相结合，在外部嵌入和内生赋能两方面寻求可行路径。一方面要在国家核心价值主导下，优化乡村治理结构，彰显和提升村民的文化主体性，将制度、资本与观念嵌入乡土信息传播与文化生态建设，构建政府、媒体等多元主体与乡村的有机联系，打造更开放、平等、多元的乡村媒介生态，促进农民文化认同与城乡和谐发展；另一方面要从乡村内部生存逻辑出发，重新发掘和整合乡土文化资源，鼓励乡村"内生性"文化与乡村社会结构的有机融合，积极探索乡村基层文化问题的解决方案。

2. 重构乡土公共空间

乡土公共空间是村民交流合作和开展公共活动的平台，也是培育乡土公共精神的重要时空场域，而公共空间营造的核心是建构公共性。移动传播促进了网络公共空间的产生，为离散的乡村个体走向聚合提供了条件，强化了乡村主体的社会联结，也预示着乡土公共空间的兴起。在智能手机及其应用广泛普及的移动传播时代，村级"微信群"、本土微信公众号等以网络为载体的乡土公共空间新形态，替代了传统的村庄公共空间，不仅成为村庄社会联结、社会秩序再生产的重要场所，也成为承载与激发村庄公共事务与基层政治生活的新空间，对重构乡土公共性具有深远意义。

移动传播重构乡土公共空间，其实质是建构基于网络的乡土公共空间。移动传播构建了虚拟的网络公共空间，实现了多元主体的重新聚合，村务微信群等社交平台为村民参与村庄公共事务提供了载体，为整合公共舆论提供了渠道。离村村民和在村村民通过网络公共空间实现了"共同在场"，在以微信群等为代表的网络公共空间里，村民可以自由发表意见、交流看法。村民围绕公共议题展开讨论并发表个人意见，最终形成舆论合意。网络公共空间拓展了村民之间的互动交往，村务微信群既是村民交流信息、沟通情感的场所，也是乡村社会多元主体讨论村庄公共事务、形成共识的平台，提高了多元主体的活跃度能。移动传播拓展了村民讨论和行动的公共边界，再生产了乡土公共性。

移动传播重构乡土公共空间，可从机制构建、空间打造两方面着手：一是构建起有效的信息流通机制，二是重构乡村政治、生产和生活公共空间。从机制构建来看，移动传播为村民提供了更加便捷的信息获取方式，以及丰富多元的信息内容，无论是政策法规、市场动态还是文化知识，都可以通过手机等移动设备实时了解。这种信息的便捷获取强化了村民之间的互动交流，构建了有效的乡土公共空间信息流通机制。

就重构乡村政治、生产和生活公共空间而言，移动传播统筹乡村政治性、生产性和生活性公共空间的开发，能增强培育乡土公共精神的实效。首先，开发乡村政治性公共空间，能提高村民参与乡村公共事务的能力和水平。在移动网络构建的公共空间内，村民可在线进行互动交流，参与讨论与决策，表达意见和进行监督，充分行使参与权、表达权和监督权。村民通过政治性公共空间的自由交流、平等对话和民主协商，形成公共舆论，达成政治共识，为培育乡土公共精神提供了平台支撑。其次，拓展乡村生产性公共空间。移动传播技术的普及提高了村民获取信息的效率，有助于村民及时调整生产策略，提高农业生产效率；村民可以将农产品信息传播至更广阔的市场进行推广，提高农产品的知名度和市场竞争力，拓展乡村生产性公共空间。此外，移动传播可以帮助农民建立更加紧密的协作关系，加强农业生产协作，为孕育乡土公共精神夯实基础。最后，发展乡村生活性公共空间。在移动传播时代，乡村传统的祠堂、庙宇、集市等生活性公共空间已趋于衰败，需要运用数字化手段来重构乡村生活性公共空间，促进乡村公共服务的智能化与治理的现代化，为培育乡土公共精神提供认同基础和价值、心理、情感等多方面的支持。

3. 重塑乡土公共权威

当下，乡村社会面临着权威性和凝聚力不断弱化的现实困境，实现乡村振兴，重振乡土公共精神，需要在现代乡村治理体系框架下，推动乡村有效治理，重构乡村社会公共权威。推动乡村有效治理，健全乡村自治、法治和德治建设，需要媒介在乡村社会发挥积极作用，提升村民民主法治观念，健全乡土公共规则，弘扬传统美德，为培育乡土公共精神提供多维度的资源支持。

首先，移动传播应通过与传统传播方式的结合和创新运用新技术、新手段的方式，提高村庄自治能力，健全村民独立人格。在村民参与乡村公共事务过程中，媒介信息的传递确保了村民信息获取的及时、顺畅，对村民知情权、建议权、表决权等的顺利落地也间接地起到了推动作用，并一定程度上放大了村庄内部制定的村规民约、议事规则、财务制度等的顺利实施。同时，提高乡村干部的规则意识和责任观念，提升村民的权利义务意识，推动村民自治制度健康发展，激发村民的政治责任感和使命感。由此，乡土公共权威的形象和号召力在这一过程中得以确立。

其次，移动传播有助于加强乡村法治建设，提升"法律下乡"的效果。媒介通过提高乡村基层干部和群众的法律素养，切实维护了乡村公共利益，同时可以动员政府和企业、社会组织等多元主体参与乡村法治建设，运用法律手段化解乡村矛盾，依法协调个人利益与公共利益的关系。由此，乡土公共权威的角色定位得以明确，并为乡土公共精神的培育提供了规则支持。

再次，移动传播有利于弘扬乡土公共精神，加强乡村道德建设。乡土公共精神对村民个体行为具有道德约束作用。媒介通过深度挖掘乡土文化资源，传播优秀道德文化，以道德的力量感召村民的精神世界、规范村民的行为，引导村民树立正确的价值观，形成良好的社会公德，树立道德模范标杆。发挥新乡贤的道德引领作用，规范村民公共行为，培育村民美德和村庄共同体意识，重塑乡村社会规范。营造崇德向善的氛围，激励村民向上向善，自觉传播优秀道德文化，维护乡村社会的公序良俗，为乡土公共精神的培育注入德治的力量。

4. 重建乡土公共意识和公共理性

乡土公共意识是指村民主动参与乡土公共生活和社会监督，追求公共目标和公共利益，乡土公共场域内的行为规范和准则的一种认识观念，它引导人们自觉地遵守公共生活准则，维护公共生活秩序。乡土公共理性是村民在面对村庄共同体存在和发展的公共议题时所表现出的理性思考能力和道德批判能力，它以维护公共利益为目标，通过协商与对话达成共识。乡土公共意识和公共理性是形成共同体价值认同、培育乡土公共精神的前提和基础，重塑乡土公共精神，要注重培育村民的公共意识和公共理性。

（1）重塑乡土公共意识。乡土公共意识的形成，需要充分发挥乡土公共权威的引领作用、村民的主体作用和乡土文化的推动作用，形成多方合力，推动乡土公共精神的塑造。要引领村民树立公共意识，培养乡土公共权威和弘扬新时代乡贤文化，有赖于发挥媒介在其中的宣传与示范作用，塑造村民公共意识传播公共责任、公共规则、公共道德、公共信念等文化内容，并将其内化为村民的行为准则，进而促进村民公共意识的。

（2）培育乡土公共理性。村民公共理性的培育，建立在达成价值共识、开展合作治理的基础之上。提升村民理性思考能力，培育"公共善"的观念，需要在信息传递、认知塑造、公共议题设置、公共意识与价值观培养等方面，发挥媒介的积极作用。在信息传递方面，移动传播借助移动技术和网络等现代手段，将国家政策、市场信息等快速传递到乡村地区，帮助村民及时了解外部世界的变化和乡村的最新发展动态。在认知塑造上，媒介通过呈现乡村生产生活场景、乡村治理等内容，塑造了村民对乡村社会的认同和归属感，并激发人们对乡村发展的信心。在公共议题设置上，媒介将村民的注意力集中到重要的社会问题和公共事务上，同时为村民参与公共事务讨论和决策提供了一个公共讨论平台，村民可以自由表达自己的诉求，形成对公共议题的理性认知和共识。在公共意识和价值观的培养上，媒介通过宣传公共道德、法律法规等内容，培养村民的公共意识和社会责任感，帮助村民逐渐形成对公共利益和社会责任的认同和关注。

总之，数字媒介的变革影响了人们感受世界和表达情感的方式，模糊了公私边界并使私人情感自由进入公共言论空间，改变了政治生活的情感风格和权力格局。媒介在构建乡村公共理性方面发挥着多重作用，通过公共议题设置、公共意识与价值观培养、构建公共空间以及促进公共讨论和协商以等，对公共理性的提升和实践起到了关键作用，为重振乡土公共精神并推动乡村社会的发展和进步提供了有力的支持。